La Unión Soviética en la Segunda Guerra Mundial

Una guía fascinante de la vida en la Unión Soviética y acontecimientos como la batalla de Stalingrado, la batalla de Kursk y el asedio de Leningrado

© Copyright 2021

Todos los derechos reservados. Ninguna parte de este libro puede ser reproducida de ninguna forma sin el permiso escrito del autor. Los revisores pueden citar breves pasajes en las reseñas.

Descargo de responsabilidad: Ninguna parte de esta publicación puede ser reproducida o transmitida de ninguna forma o por ningún medio, mecánico o electrónico, incluyendo fotocopias o grabaciones, o por ningún sistema de almacenamiento y recuperación de información, o transmitida por correo electrónico sin permiso escrito del editor.

Si bien se ha hecho todo lo posible por verificar la información proporcionada en esta publicación, ni el autor ni el editor asumen responsabilidad alguna por los errores, omisiones o interpretaciones contrarias al tema aquí tratado.

Este libro es solo para fines de entretenimiento. Las opiniones expresadas son únicamente las del autor y no deben tomarse como instrucciones u órdenes de expertos. El lector es responsable de sus propias acciones.

La adhesión a todas las leyes y regulaciones aplicables, incluyendo las leyes internacionales, federales, estatales y locales que rigen la concesión de licencias profesionales, las prácticas comerciales, la publicidad y todos los demás aspectos de la realización de negocios en los EE. UU, Canadá, Reino Unido o cualquier otra jurisdicción es responsabilidad exclusiva del comprador o del lector.

Ni el autor ni el editor asumen responsabilidad alguna en nombre del comprador o lector de estos materiales. Cualquier desaire percibido de cualquier individuo u organización es puramente involuntario.

Tabla de contenido

INTRODUCCIÓN 1
CAPÍTULO 1 - ANTES DE LA GUERRA...3
CAPÍTULO 2 - ESTALINISMO...9
CAPÍTULO 3: 1938 Y 1939..17
CAPÍTULO 4: INTERLUDIO...27
CAPÍTULO 5: BARBARROJA 30
CAPÍTULO 6: GUERRA DE EXTERMINACIÓN 37
CAPÍTULO 7 - LAS GRANDES BATALLA 51
CONCLUSIÓN..84
VEA MÁS LIBROS ESCRITOS POR CAPTIVATING HISTORY 87
BIBLIOGRAFÍA..88

Introducción

Uno puede soportar cualquier cosa, la peste, el hambre y la muerte, pero no puede soportar a los alemanes. No se puede soportar a estos patanes de ojos saltones que resoplan con desprecio a todo lo que es ruso. No podemos vivir mientras estas babosas verdes grisáceo estén vivas. Hoy no hay libros, hoy no hay estrellas en el cielo, hoy solo hay un pensamiento: Matar a los alemanes. Matarlos a todos y enterrarlos en la tierra. Entonces podremos ir a dormir. Entonces podremos pensar de nuevo en la vida, y en los libros, y en las chicas, y en la felicidad. Los mataremos a todos. Pero debemos hacerlo rápido o profanarán toda Rusia y torturarán a millones de personas más.

-Extracto de un artículo del periódico soviético Estrella Roja (Krasnaya Zvezda) del escritor Ilya Ehrenburg.

Ninguna nación sufrió más pérdidas durante la Segunda Guerra Mundial que la Unión Soviética. La cifra que la mayoría de los historiadores reconocen como más o menos exacta es de veinte millones. La cifra exacta es imposible de contar por varias razones: registros destruidos, registros inexactos de preguerra, la politización soviética de las cifras de población antes y después de la guerra, y mucho más. No importa cuál haya sido el total exacto, lo que se sabe es que la población soviética solo recuperó sus pérdidas de la guerra a finales de la década de 1950.

Para aquellos que no estén familiarizados con la Segunda Guerra Mundial, las pérdidas combinadas sufridas por los Estados Unidos y Gran Bretaña fueron de poco más de 800.000 muertos. Los soviéticos perdieron esa cantidad de personas solo durante el asedio de Leningrado.

Esta es una introducción a la vida en la Unión Soviética justo antes y durante la guerra. Este libro electrónico es una breve visión general e introducción a la Segunda Guerra Mundial en el frente oriental. Al final del libro, encontrará una breve lista de algunos de los miles de libros y artículos disponibles sobre el tema, que le ayudarán a tener una comprensión mucho más profunda de este trágico, pero fascinante tema.

Capítulo 1 - Antes de la guerra

En 1917, los bolcheviques ("mayoría") del Partido Laboral Socialdemócrata Ruso llevaron a cabo una revolución que estableció el comunismo como sistema de gobierno en la capital, Petrogrado (más tarde se conoció como Leningrado de 1924 a 1991 y hoy se conoce como San Petersburgo). La revolución se extendió rápidamente a Moscú y en poco tiempo los bolcheviques (conocidos como los "Rojos" por sus banderas, que eran rojas por el color de la sangre de los trabajadores) y los Blancos (por el color de la realeza, ya que apoyaban el antiguo régimen aristocrático dirigido por el zar y su familia, los Romanov) se enfrentaron entre sí.

Entre 1918 y 1922, los ejércitos rojo y blanco lucharon en una sangrienta guerra civil, que costó millones de vidas. Durante el conflicto, los bolcheviques ejecutaron al zar y a su familia y finalmente salieron victoriosos. El mundo tuvo su primer gobierno comunista.

Liderando este nuevo gobierno estaba Vladimir Lenin, el organizador de la revolución y el teórico político detrás del Partido Comunista de la Unión Soviética (PCUS), que era en lo que los bolcheviques se habían convertido. Las ideas de Lenin se basaban en las lecturas y creencias del filósofo político alemán Carlos Marx

(1818-1883) y Friedrich Engels (1820-1895), los fundadores de la teoría comunista.

Para resumir brevemente, los comunistas del siglo XIX (cuando Marx y Engels escribían) creían que la sociedad evolucionaría de su actual forma capitalista al comunismo. Según la teoría marxista, el comunismo ocurriría de forma natural, ya que era una evolución política de la sociedad humana. Cuando lo hiciera, las clases económicas desaparecerían, así como la propiedad privada y la posesión de los medios de producción (fábricas, minas, etc.) Cuando se alcanzara el comunismo puro, todas las personas serían iguales en un estado obrero. Marx y Engels creían que el movimiento hacia el comunismo tendría lugar primero en Europa Occidental, que se había industrializado primero y había visto el mayor trastorno social. Ni Marx ni Engels hablaban mucho de los campesinos, que constituían la mayor parte de la población de la Unión Soviética y muchas de las naciones de Europa del Este.

Para muchos en Rusia y en otros lugares, la Revolución Industrial solo empeoró antiguas desigualdades. Y no era solo la antigua nobleza la que oprimía a los de abajo. También fue la creciente clase media, que consistía en propietarios industriales, ya que estaban ansiosos de establecerse en los adornos de la aristocracia (mansiones, pieles, joyas, etc.) explotando el trabajo de las clases trabajadoras.

Así que, para Lenin y sus camaradas, el comunismo no era algo que pudieran esperar. Para ellos, las clases trabajadoras (incluyendo la clase campesina en el vasto campo ruso) ya habían sufrido bastante, y en lugar de esperar a que la historia los guiara hacia el comunismo, tomarían la historia de la mano y la conducirían a un sistema de gobierno en el que no hubiera clases altas ni bajas, solo trabajadores en un estado obrero.

Lenin y sus compatriotas, entre los que se encontraban hombres como León Trotsky (que organizó el Ejército Rojo) y Josef Stalin, se dedicaron entonces a cambiar radicalmente la sociedad en lo que llamaron la Unión de Repúblicas Socialistas Soviéticas (la URSS).

En un corto período de tiempo, confiscaron prácticamente toda la propiedad privada, especialmente los grandes negocios y fábricas de las ciudades. Muchas de las grandes propiedades en el campo también fueron confiscadas. Muchos de los de las clases altas que no habían huido durante la guerra civil rusa lo hicieron ahora. Muchos miles que no lo hicieron fueron encarcelados o ejecutados por ser "enemigos del pueblo". A los que tuvieron "suerte" simplemente se les confiscaron sus propiedades y vivieron bajo sospecha como "enemigos de clase" durante la mayor parte de sus vidas.

Un cambio tan radical no se produjo sin consecuencias. Aunque la producción industrial creció al principio, pronto se estancó. Los agricultores escondieron sus cultivos en lugar de venderlos a precios controlados. La gente pasó hambre y comenzó a quejarse. En algunos casos, como entre los soldados y marineros de la base de Kronstadt en marzo de 1921, se produjeron rebeliones. Como resultado, Lenin retrocedió un poco y comenzó su Nueva Política Económica (NEP), que permitía a los propietarios privados de pequeños negocios y a los agricultores vender sus cosechas restantes (algunas tenían que ser entregadas al Estado) a precios de mercado. Lenin quiso que esta fuera una solución temporal hasta que se pudiera desarrollar una más organizada y socialista.

La NEP causó una división dentro del Partido Comunista, con algunos creyendo que era útil y otros que era una traición al verdadero comunismo. La cuestión se resolvió con la muerte de Lenin en 1924, que falleció tras una serie de apoplejías.

En el testamento de Lenin, dijo específicamente que Stalin debía ser removido de su alto cargo en el Partido Comunista. Lenin lo veía como demasiado tosco, calculador y brutal. Aunque tampoco estaba muy entusiasmado con Trotsky, Lenin lo prefería a él antes que a Stalin. Sin embargo, Stalin se las arregló para alterar la voluntad de Lenin, haciendo parecer que él era la primera opción de Lenin. Cuando la verdad salió a la luz en algún momento después de la muerte de Lenin, ya era demasiado tarde. Stalin había ocupado algunas de las posiciones menos conocidas, pero más importantes dentro del país y del Partido Comunista, y puso a sus propios hombres a cargo de la policía, la seguridad y otros departamentos en toda la nación.

Para 1929, Stalin había ganado su guerra por el poder sobre Trotsky y sus aliados. Trotsky huyó del país (solo para ser asesinado por orden de Stalin en 1940), y sus aliados juraron lealtad a Stalin o fueron, en el terrible lenguaje de la época, "liquidados".

Aunque Stalin era la principal potencia de la Unión Soviética a principios de los años 30, seguía teniendo rivales. Algunos de ellos eran viejos bolcheviques, los que habían participado en la Revolución rusa y eran amigos de Lenin. Entre estos hombres estaban Nikolai Bujarin, Lev Kamenev, y Grigori Zinoviev. Otras figuras poderosas eran hombres más jóvenes que habían surgido después de la revolución, el más notable de los cuales era Sergei Kirov (de quien toma el nombre el famoso Ballet Kirov).

En 1934, Stalin, celoso de la popularidad y el creciente poder de Kirov, hizo que lo asesinaran. Por supuesto, el asesinato fue hecho para que pareciera el trabajo de un antiguo miembro del partido descontento, que se decía que había culpado a Kirov de sus fracasos. La muerte de Kirov, que Stalin organizó a través de su policía secreta y para el cual era un portador del féretro aparentemente sorprendido, le dio a Stalin la oportunidad de solidificar su poder.

En 1934, comenzó la primera "Gran Purga", en la que cientos de miles de personas fueron arrestadas por ser "enemigos del pueblo". Miles más fueron ejecutados por estar vinculados a los rivales de Stalin o por oponerse a sus planes y políticas gubernamentales.

La purga de 1934 cimentó el lugar de Stalin en la cima, pero la mayoría de los arrestados, enviados al Gulag (el notorio sistema de campos de trabajo de Stalin), o asesinados eran en su mayoría funcionarios de nivel inferior, con algunas excepciones como Kirov.

En 1937, Stalin comenzó oficialmente lo que se conoce en la historia como la Gran Purga o el Gran Terror.

En 1937, Bujarin, Kamenev y Zinoviev fueron juzgados. Estos fueron juicios publicitarios en los que los tres admitieron abiertamente que no solo trabajaban contra Stalin, sino que también habían sido agentes del capitalismo y/o conspiradores con Trotsky durante casi toda su vida. Estos hombres fueron amenazados con la muerte de sus familias, y fueron golpeados y torturados psicológicamente entre bastidores. Frente a la cámara y los micrófonos de radio en la corte, admitieron su "culpabilidad". Los tres fueron condenados y ejecutados.

También atrapado en la toma de poder y la paranoia de Stalin estaba el Mariscal Mikhail Tukhachevsky, un héroe militar de la Revolución rusa y la guerra civil rusa. Tenía la fuerza (fuerzas dentro del Ejército Rojo) y la popularidad para ser una verdadera amenaza para Stalin. Ninguna prueba ha vinculado a Tujachevsky con ningún complot contra Stalin, pero en su "juicio" de 1937, admitió haber tramado gobiernos capitalistas para derrocar a Stalin. Él también fue ejecutado.

Esto nos lleva a los acontecimientos que iban a tener consecuencias nefastas en la preparación y la capacidad de la Unión Soviética cuando Hitler invadió en 1941. Mientras Stalin eliminaba a sus enemigos políticos, comenzó a purgar el liderazgo de las fuerzas armadas, eliminando prácticamente todo el alto mando del Ejército Rojo (también conocido como Stavka).

De los 80.000 oficiales del Ejército Rojo, unos 35.000 fueron víctimas de Stalin. Muchos de ellos fueron asesinados. Otros fueron enviados al Gulag, donde muchos más murieron. Los afortunados se "retiraron" y vivieron en el exilio. Y esto no se limitó solo a los rangos de oficiales inferiores. Tres de los cinco mariscales de la Unión Soviética (los oficiales de mayor rango del país) fueron asesinados. Los 11 diputados del Comisario de Guerra, 75 de los 85 comandantes de cuerpo, 110 de los 195 comandantes de división y todos los rangos de bandera de la marina fueron asesinados. Los oficiales también fueron castigados. A veces se les disparaba, a veces se les encarcelaba y a veces se les retiraba por la fuerza.

Como resultado de la Gran Purga de 1937, Stalin mantuvo un completo poder militar y político. Nadie estaba dispuesto a tomar la iniciativa dentro de las fuerzas armadas, ya que podría desagradar a Stalin. Nadie quería "sobresalir"; un viejo adagio ruso dice, "El clavo que sobresale siempre se clava". Esto significa que cuando llegó la guerra, el Ejército Rojo estaba paralizado, tanto literal como psicológicamente.

Capítulo 2 - Estalinismo

En 1933, Adolfo Hitler llegó al poder, y en poco tiempo, comenzó a retroceder los términos del Tratado de Versalles, que puso fin a la Primera Guerra Mundial. Este tratado puso límites a la fuerza de las fuerzas armadas alemanas. Al principio, este esfuerzo fue secreto. Extrañamente, la nación que ayudó a Hitler a ocultar sus esfuerzos (especialmente en el área de desarrollo de aeronaves y entrenamiento de pilotos) fue la Unión Soviética.

A cambio de la experiencia alemana en otras áreas (como la fabricación y la elaboración de herramientas finas), los soviéticos abrieron bases aéreas secretas a los alemanes y vendieron cantidades masivas de productos agrícolas a Hitler. Sus diferencias ideológicas fueron pasadas por alto por el momento, pero esto puso al nazismo y al comunismo en un curso de colisión.

En 1935, Hitler anunció que Alemania reintroduciría la conscripción y ampliaría el ejército a 500.000 hombres del límite de 100.000 de Versalles. Aunque había gente en Occidente que estaba alarmada por el rearme de Alemania (sobre todo Winston Churchill), muchos creían que el Tratado de Versalles había sido demasiado duro para Alemania. Algunos también creían que las condiciones financieras impuestas a Alemania habían contribuido a la Gran Depresión.

Otra razón por la que muchos en Europa Occidental y los Estados Unidos hicieron un poco de la vista gorda al programa de rearme de Hitler fue que creían que Alemania podía ser utilizada como un baluarte contra la Unión Soviética. Después de todo, en los discursos de Hitler y en su libro "*Mi campamento*", él se opone al comunismo repetidamente y llama a Alemania a ganar *Lebensraum* ("espacio vital") en las vastas llanuras del oeste de la Unión Soviética.

Durante la década de 1930, Stalin se esforzó por hacer creer al mundo que la Unión Soviética era, en efecto, el "paraíso de los trabajadores" que los comunistas pretendían que fuera. La Internacional Comunista, o Comintern, era una organización de comunistas de países de todo el mundo que estaba comandada por Moscú. Tenían agentes en Europa Occidental, América y otros lugares que influían en los periódicos y otros medios de comunicación para que incluyeran información sobre los inauditos avances de la URSS en áreas como la industria, la agricultura y la igualdad de derechos. La propaganda soviética, tanto en el país como para el público extranjero, mostraba a trabajadores felices entregando toneladas de carbón, creando presas hidroeléctricas, disponiendo de los últimos bienes de consumo y estando a la vanguardia de la aviación (que, en ese momento, representaba la modernidad).

La verdad estaba en algún punto intermedio. Los periodistas y diplomáticos de la Unión Soviética estaban restringidos a Moscú y a las ciudades más grandes, como Leningrado. Cuando se les llevaba al campo, lo hacían en excursiones cuidadosamente dirigidas a las nuevas granjas-granjas colectivas, que estaban dirigidas por sóviets (consejos) estrechamente controlados y que habían abolido la propiedad privada y aumentado la producción en gran medida.

En varios proyectos de gran envergadura (especialmente presas, centrales eléctricas y puentes), los extranjeros vieron cómo los soviéticos avanzaban a pasos agigantados. Esto era cierto en gran medida, aunque cualquier mejora de lo que había existido bajo los zares se habría considerado "milagrosa". A pesar de su tamaño y recursos, Rusia era un país pobre en los años posteriores a la Revolución rusa.

Se construyeron nuevos bloques de viviendas en las ciudades, que incluían hoteles de lujo de estilo occidental que los extranjeros utilizaban cuando venían a visitarlos (*siempre* estaban vigilados por la policía secreta). Parecía que la población de las ciudades vivía, o estaba en camino de vivir, vidas muy parecidas a las de Europa Occidental, excepto que sin las cuestiones de "clase" y prejuicios.

Sin embargo, en muchos de esos bloques de viviendas, los trabajadores vivían en condiciones de hacinamiento y prácticamente no tenían privacidad. La policía secreta (en ese momento conocida como la NKVD) estaba en todas partes y tenía informantes en cada edificio y en todos los lugares de trabajo. Los vecinos delataban a los vecinos por cualquier cosa, ya fuera real o inventada, para vengarse de algún desaire o para obtener un ascenso. A lo largo de la década de 1930 (especialmente de los años 1936 a 1938), la gente era llevada en medio de la noche en coches negros con las ventanillas pintadas (algunos los llamaban "los cuervos" por el pájaro carroñero). A menudo no se les volvía a ver nunca más.

Su destino era más a menudo el Gulag, es decir, si sobrevivían al interrogatorio, que siempre pedía "nombres". Querían los nombres de las personas que denigraban a Stalin, otros altos funcionarios, el sistema y la revolución. Querían los que se quejaban de la escasez, el trabajo y las condiciones de vida.

Una historia entre millones transmitirá la realidad de vivir en la Unión Soviética de Stalin. Víctor Herman, un americano de ascendencia rusa, viajó con su padre, su madre y su hermana, junto con un contingente de trabajadores de Ford, para entrenar a los soviéticos en una nueva planta de automóviles en la URSS en 1931. El padre de Víctor, un socialista, había huido de Rusia antes de la revolución y estaba ansioso por volver a lo que creía que era ahora un "paraíso de los trabajadores". Solicitó la ciudadanía soviética para toda su familia, sin que su hijo lo supiera, que se hubiera opuesto. Víctor era un atleta nato y finalmente estableció el récord mundial de salto en paracaídas más alto en 1934. Cuando se le pidió que firmara un papel para autentificar su récord, notó que su ciudadanía era "soviética" y se negó a firmar. Pronto fue a la cárcel y luego se dirigió al Gulag (para *Glavine Upravlenie Lagerei*, o "Administración del Campo Principal"). El Gulag era el sistema de campos de trabajo/concentración de Stalin, que se extendían por centenares en toda la URSS, aunque estaban principalmente en el frío de Siberia. La existencia de Víctor fue una pesadilla de tortura, hambre y estar rodeado de muerte. En sus viajes, conoció a un hombre que había sido arrestado porque su vecino le había oído hablar en sueños contra Stalin. Había sido literalmente arrestado por tener un sueño contra Stalin. Víctor Herman nunca renunció a su sueño de regresar a los Estados Unidos, lo que finalmente hizo en 1977.

El Gulag proporcionó millones de trabajadores para proyectos en toda la Unión Soviética, principalmente en minas, bosques madereros y construcción de presas. La seguridad no era un problema a menos que realmente afectara a la producción. Los prisioneros estaban allí para trabajar y para morir. Nadie sabe el total exacto de muertes y ejecuciones que ocurrieron en el Gulag y en las prisiones de Stalin, pero incluso las estimaciones más bajas lo cifran en millones.

A los extranjeros se les mostró lo que Stalin quería que vieran. Cuando visitaban una granja colectiva, veían trabajadores felices y cosechas abundantes. Algunas de ellas eran reales, ya que el gobierno invirtió cantidades desmesuradas de recursos para hacerlas parecer exitosas, pero esto no era sostenible para toda la nación. Muchas veces, los cultivos se traían de otras granjas y se cargaban en camiones y mesas de clasificación para que los invitados los vieran. A los trabajadores se les decía que sonrieran y fueran "felices", aunque no necesitaban que se les dijera, ya que sabían lo que les esperaba si no lo hacían.

El movimiento hacia la agricultura colectiva no fue fácil. Por un lado, casi siempre eran mal manejados por equipos de estalinistas que no sabían nada de granjas. En muchas partes del país, los granjeros, especialmente los de "clase media", conocidos como *kulaks*, a los que se les había permitido mantener alguna propiedad privada bajo Lenin, se negaron a permitir que sus tierras y animales fueran confiscados y colectivizados. Cientos de miles de ellos fueron enviados al Gulag. Otros fueron dejados para mendigar en las calles. Se instó al público a verlos como "enemigos de clase" y se les animó a condenarlos al ostracismo y a denunciarlos por cualquier pequeña infracción. Decenas de miles fueron fusilados, pero no antes de que muchos de sus animales fueran asesinados a pesar de ello.

La supresión de los *kulaks* y la mala gestión de las granjas colectivas provocaron una hambruna en los años 1932 y 1933, especialmente en Ucrania. Esto fue causado en parte por Stalin, que quería aplastar el nacionalismo ucraniano, ya que era fuerte en muchas partes de Ucrania. Stalin también necesitaba alimentar a sus ciudades, por lo que los cultivos que crecían se llevaban a Moscú y a otras ciudades. Esto aseguró dos cosas: las ciudades no pasarían hambre y se rebelarían, y los extranjeros verían comida en los estantes.

Para empeorar las cosas, los recolectores de granos soviéticos eran responsables de recolectar cuotas de grano basadas en los antiguos registros. Iban a una zona y recogían hasta la última semilla y grano. Sin embargo, incluso después de hacer esto, los recolectores de grano todavía no tenían suficiente. Por lo tanto, falsificaron sus números. Esto sucedió de arriba a abajo, ya que nadie quería reportar malas noticias a la cima. Como resultado, Stalin llevó el grano a las principales ciudades, a menudo creyendo que había suficiente comida para todos. Cuando los informes llegaban afirmando que no había suficiente comida, el autor hacía un viaje de ida a Siberia. La hambruna, que tuvo lugar principalmente en Ucrania y en otras zonas como Kazajstán, provocó millones de muertes. Las estimaciones oscilan entre tres y doce millones, con la cifra real probablemente cerca de cinco millones.

Ilustración 1: Personas muertas y moribundas en Kharkiv (Kharkov), Ucrania, 1933 (Por Alexander Wienerberger - Archivo Diocesano de Viena (Diözesanarchiv Wien) /BA Innitzer, Dominio Público, https://commons.wikimedia.org/w/index.php?curid=3120021)

A pesar de estos horrores, a finales de la década de 1930, la Unión Soviética se había hecho más rica y poderosa. Habían aparecido fábricas por todas partes (la mayoría de ellas en el oeste del país donde vivía la mayor parte de la población y que corría mayor riesgo de invasión). Las presas hidroeléctricas y las plantas de energía eléctrica esparcieron la electricidad a partes de la nación que nunca antes la habían tenido, permitiendo que el trabajo continuara más allá del atardecer. Y a finales de la década de 1930, la URSS era autosuficiente en alimentos, aunque apenas. Para mucha gente, la vida había mejorado. Mientras mantuvieras la cabeza baja y no te quejaras, estarías bien.

El impulso para cambiar radicalmente la cara de la nación significó que a finales de los años 1920 y principios de los 1930, el crecimiento y el desarrollo del Ejército Rojo quedaron relativamente en un segundo plano. Hasta finales de la década de 1930, Stalin no se enfrentó a ninguna amenaza extranjera realista a su gobierno. El Ejército Rojo era lo suficientemente grande como para mantener el orden y acabar con las insurrecciones, y aunque sus generales planificaron ofensivas masivas en caso de guerra, el riesgo para la URSS era mínimo durante la recuperación del mundo de la Primera Guerra Mundial y la Gran Depresión.

Los soviéticos siempre habían gastado un gran porcentaje de su presupuesto anual en las fuerzas armadas. La guerra civil rusa y la intervención militar de Gran Bretaña, Francia y los Estados Unidos en la zona cercana a Murmansk (llevada a cabo aparentemente para apoyar a los blancos; en realidad, de esta operación no surgió nada más que bajas y la eterna sospecha de todos los líderes soviéticos hasta Mijaíl Gorbachov) hizo que los soviéticos creyeran que solo un Estado bien armado evitaría que su sistema cayera en manos de los capitalistas. Obviamente, esta sospecha iba en ambos sentidos, pero la propaganda antisoviética en Occidente solo aumentó su cautela hacia el país comunista.

En la siguiente tabla, se puede ver el gasto soviético en las fuerzas armadas como un porcentaje de su presupuesto. Los años 1926 y 1929 a 1932, que fue el punto álgido de la Depresión, no están incluidos aquí, ya que los datos disponibles son solo parciales y esporádicos. Tampoco los datos de 1939, el año en que comenzó la Segunda Guerra Mundial.

1922	1923	1924	1925	1927	1928	1933	1934	1935	1936	1937	1938
15.6	14.5	12.3	3.4	9.1	11.1	16.1	16.5	18.7	25.6	32.6	43.4

Por el contrario, en 2019, las cifras para los EE. UU., China y Rusia son 3,4 por ciento, 2,0 por ciento y 3,9 por ciento, respectivamente. Se puede ver que la Unión Soviética estaba gastando cantidades extraordinarias de dinero en armas en los años anteriores a la guerra. Lo más probable es que se haya dado cuenta cuando la cantidad comenzó a aumentar: 1933, el año en que Hitler llegó al poder.

Capítulo 3: 1938 y 1939

Como sabrán, en 1938, Hitler estaba listo para poner en marcha sus planes para la dominación de Europa. Ya había remilitarizado la Renania (un área de Alemania que había sido ordenada por los Aliados al final de la Primera Guerra Mundial). Había ganado una elección especial en 1935 y restauró el Sarre (una de las principales zonas productoras de carbón de la nación, que había estado bajo control aliado desde el final de la Primera Guerra Mundial) a Alemania.

Cuando los Aliados no se enfrentaron a él mientras trasladaba sus fuerzas a Renania (y las fuerzas alemanas tenían órdenes de retirarse si lo hacían), Hitler estaba aún más seguro de que Francia y Gran Bretaña no se arriesgarían a otra guerra a menos que fueran atacadas directamente. La Primera Guerra Mundial y la Gran Depresión los había hecho tímidos.

En Moscú, Stalin vio el plan de Hitler desarrollándose, y notó la falta de respuesta occidental.

En la primavera de 1938, después de años de maquinaciones de los nazis austriacos bajo las órdenes de Berlín, Alemania anexó a Austria, algo que los políticos de Occidente habían dicho que harían cualquier cosa para evitar. No hicieron nada excepto condenar la maniobra "en el lenguaje más fuerte", como decían los diplomáticos.

Lo siguiente en la lista de Hitler era un área de la nueva nación de Checoslovaquia, que se había formado en 1918 después de la disolución del Imperio austrohúngaro tras la Primera Guerra Mundial. En el norte y oeste del país vivía una considerable población étnica alemana conocida como los alemanes de los Sudetes. Aunque los checos tenían algunos prejuicios contra esta gente, Hitler exageró mucho los problemas y amenazó con invadir la zona si no se resolvían. Durante un período de meses, Hitler y los nazis de los Sudetes hicieron todo lo posible para empeorar la situación, no para mejorarla. Las tropas nazis se concentraron en la frontera. Los británicos y los franceses estaban alarmados, y sus políticos tenían muchas opiniones sobre qué hacer, que es exactamente lo que Hitler esperaba. Cuantas más opiniones, menos probable es que algo suceda.

Los checos y los eslovacos son eslavos, al igual que los rusos y muchos otros en Europa del Este. Históricamente, Rusia fue vista por las naciones eslavas más pequeñas como una especie de "hermano mayor" en el que podían apoyarse cuando los tiempos eran difíciles. Era una posición que los zares e incluso Stalin disfrutaban, ya que les daba mayor influencia en Europa. Stalin dejó claro a los británicos y franceses que si garantizaban atacar a Alemania cuando Hitler invadiera Checoslovaquia, Rusia también entraría en guerra con Alemania. En retrospectiva, que siempre es 20/20, esto probablemente habría detenido a Hitler en su camino.

Sin embargo, con los recuerdos de la carnicería de la Primera Guerra Mundial aún en sus mentes y la Gran Depresión aún no terminada, los aliados occidentales buscaron "apaciguar" a Hitler. El Primer Ministro británico Neville Chamberlain y el Primer Ministro francés Édouard Daladier volaron a Munich. A Hitler se le unió su aliado fascista, Benito Mussolini, el líder de Italia. Stalin se quedó al margen. Ni un solo checoslovaco asistió a la Conferencia de Munich, que tuvo lugar del 29 al 30 de septiembre de 1938.

Después de una serie de conversaciones apresuradas, se decidió que los checos debían ceder Sudetenland a Hitler. El ejército checo solo era lo suficientemente fuerte para detener a Hitler si la ayuda de los aliados llegaba. Como no fue así, los checos se quedaron solos y fueron traicionados. Sabiendo que era una causa perdida, cedieron a las demandas de Hitler y sacaron sus tropas de Sudetenland. En marzo de 1939, Hitler trasladó sus tropas al resto de Checoslovaquia. Nadie levantó un dedo para ayudar.

Neville Chamberlain volvió a casa y declaró que había logrado "la paz en nuestro tiempo". Winston Churchill, por otro lado, condenó el Acuerdo de Munich como una derrota. Hitler le dijo a Mussolini, "Hemos encontrado a nuestro enemigo y son gusanos". Stalin se dio cuenta de que no podía contar con Gran Bretaña y Francia en absoluto, así que decidió llegar a un acuerdo con Hitler.

Con creciente intensidad durante el resto de 1938 y hasta 1939, Hitler comenzó a quejarse de que la considerable minoría alemana en Polonia, especialmente en la "Ciudad Libre" de Danzig (la actual Gdansk, Polonia), estaba siendo maltratada y privada de sus derechos.

Polonia, al igual que Checoslovaquia, nació después de la Primera Guerra Mundial. Dentro de las fronteras del país, especialmente en el oeste, había una población alemana minoritaria. Además, al final de la Primera Guerra Mundial, los Aliados determinaron que el estado alemán de Prusia Oriental estaría separado del resto de Alemania por una franja de tierra que se conoció como el "Corredor Polaco". Esto se hizo para dar a Polonia acceso al mar Báltico. En realidad, era una situación peculiar, ya que Prusia era como una isla, separada de su tierra natal.

Hitler pidió la eliminación del Corredor Polaco y un mejor tratamiento de los alemanes dentro de Polonia. Si las cosas no cambiaban, invadiría Polonia. Para entonces, el Reino Unido y Francia se habían dado cuenta del grave error que habían cometido en Checoslovaquia, y prometieron a Polonia que, si Hitler invadía, irían a la guerra con Alemania.

Hitler no descartó totalmente esto, pero creía que, si podía derrotar a Polonia rápidamente, podría desplazar suficientes tropas hacia el oeste para evitar que los británicos y los franceses tomaran alguna medida significativa. La gran preocupación de Hitler era la Unión Soviética.

Aunque Polonia había sido restaurada recientemente en 1919 debido al Tratado de Versalles, tenía una historia antigua. Durante un tiempo en la Edad Media tardía, Polonia había sido una potencia mundial. Los polacos eran ferozmente independientes y eran enemigos jurados tanto de Alemania como de Rusia, dos de los tres países (el otro era Austria-Hungría) que habían conquistado Polonia. En total, estos tres países gobernaron sobre Polonia durante dos siglos combinados, comenzando a principios del 1700. Aunque los polacos acogieron con agrado las garantías de asistencia británica y francesa, probablemente habrían luchado contra Hitler sin ellas.

La frontera oriental de Polonia era la frontera occidental de Rusia. Aunque no era amigo de los polacos, Stalin hubiera preferido tener una Polonia débil en su frontera que una Alemania fuerte. Habiendo visto ya la falta de fuerza de voluntad de los británicos y franceses en la crisis checa, Stalin hizo una obertura sorpresa y secreta a Hitler.

El 23 de agosto de 1939, los gobiernos soviético y nazi anunciaron a un mundo conmocionado que acababan de firmar un pacto de no agresión de diez años. Con esta medida, todo el mundo sabía que a Hitler se le había dado carta blanca para tratar con Polonia, ya que no tenía que preocuparse por la interferencia soviética.

Por supuesto, había mucho más en el Pacto nazi-soviético (a veces llamado Pacto Molotov-Ribbentrop para los ministros de asuntos exteriores de la URSS y Alemania, respectivamente). Dentro del acuerdo había protocolos secretos. En estos acuerdos secretos, Stalin y Hitler acordaron dividir a Polonia entre ellos. Además, Stalin no tendría que preocuparse por la interferencia alemana si (que fue más bien cuando) invadía los estados bálticos de Lituania, Letonia y Estonia. Estas eran nuevas naciones creadas después de la Primera Guerra Mundial que anteriormente formaban parte del Imperio ruso. Besarabia y otras dos regiones de Rumania irían a Stalin. Hitler quería mucho de Polonia y Varsovia, y para ello, acordó no interferir en los diseños que Stalin tenía sobre Finlandia, que también había sido parte del Imperio ruso anterior a la Primera Guerra Mundial, así como un antiguo aliado alemán.

No solo los países del mundo estaban conmocionados, sino que los comunistas de todo el mundo también lo estaban. El 22 de agosto, denunciaron a Hitler y a los nazis como los mayores criminales de la historia. El 24 de agosto, recibieron directivas para cesar toda la propaganda antinazi.

Ilustración 2: La caricatura contemporánea muestra el Pacto nazi-soviético como un matrimonio que pronto sería problemático

Ilustración 3: Utilizando los mismos nombres que se habían llamado durante años, Hitler y Stalin se saludan sobre una Polonia caída

El Pacto nazi-soviético también pedía a los soviéticos que enviaran cantidades masivas de grano, materias primas y otros recursos naturales a Alemania a cambio de maquinaria, conocimientos técnicos e ingenieros alemanes. El día que los nazis atacaron a Stalin en 1941, pasaron trenes que iban en dirección contraria con grano con destino a Berlín.

Hitler invadió Polonia el 1 de septiembre de 1939. Francia y Gran Bretaña declararon la guerra a Alemania dos días después. El 17 de septiembre, el Ejército Rojo invadió el este de Polonia, y para el 27 de septiembre, el gobierno polaco se había rendido. Aunque la Unión Soviética sufrió el mayor número de muertos durante la Segunda Guerra Mundial, ninguna nación sufrió más que Polonia. Casi el 20 por ciento, lo que equivale a uno de cada cinco polacos, murió durante la guerra. Esta cifra incluye la población judía que también sufrió, que fue un asombroso 90 por ciento.

En junio de 1940, Stalin invadió los esencialmente indefensos estados bálticos. En todas las áreas tomadas por los soviéticos, comenzaron las mismas horribles purgas y el terror que se había apoderado de la URSS en la década de 1930. En el Báltico, las tácticas de Stalin más tarde condujeron a gran parte de la población a los brazos de Hitler, con horribles consecuencias para todos. En Polonia, el terror barrió la parte del país bajo el control de Stalin. En un solo caso, más de 20.000 oficiales del ejército polaco, políticos y personalidades prominentes fueron ejecutados por los soviéticos en Katyn, en el este de Polonia.

El 30 de noviembre de 1939, Stalin atacó a Finlandia. Durante meses, Stalin y su ministro de asuntos exteriores, Viacheslav Molotov, habían estado exigiendo que los finlandeses cedieran tierras a la URSS como protección contra un posible ataque de Hitler. También estaban preocupados de que los finlandeses, que eran algo amigos de Alemania, se unieran a Hitler en un ataque en el extremo norte de la Unión Soviética y en Leningrado. Para ser justos, Stalin ofreció a los finlandeses un trozo de territorio soviético más grande que el que les había pedido, pero el territorio que ofreció consistía en mucha nieve y hielo, mientras que la tierra que exigió a Finlandia era estratégicamente valiosa.

Los finlandeses se negaron. La corta guerra de invierno que siguió fue una vergüenza para el Ejército Rojo. En el istmo de Carelia, que se extiende hacia el norte entre el mar Báltico y el lago Ládoga, los soviéticos lanzaron olas de hombres mal preparados y mal equipados contra las fuertes defensas finlandesas. Como resultado, fueron acribillados. Al norte, en los bosques de pinos del centro de Finlandia, tropas de esquí finlandesas altamente entrenadas, motivadas y bien dirigidas desgarraron formaciones soviéticas masivas y menos móviles.

Sin embargo, para marzo, los soviéticos se habían reagrupado, reemplazado a muchos de sus líderes (lo que significaba que muchos fueron fusilados) y renovado su ofensiva. Los finlandeses se vieron obligados a aceptar los términos de Stalin. En este punto, Stalin estaba preocupado por la creciente posibilidad de un ataque alemán, a pesar de su pacto de no agresión con Hitler. Así que detuvo su ofensiva e hizo la paz con Finlandia.

La guerra de invierno fue una vergüenza para Stalin y el Ejército Rojo, a pesar de las mejoras implementadas al final del conflicto. Hitler y el resto del mundo vieron lo que creían que era un Ejército Rojo mal dirigido y poco motivado. Muchos creen que este fue el momento en que Hitler decidió atacar a la URSS cuando sintió que era el momento adecuado.

Europa no era el único lugar donde el Ejército Rojo estaba en combate. En el Lejano Oriente, grandes formaciones soviéticas (incluido un gran número de tanques) se enfrentaron a las tropas japonesas a lo largo de la frontera septentrional de China y a Mongolia a lo largo del río Jaljin Gol de mayo a septiembre de 1939.

Para resumir brevemente, en 1931, Japón había conquistado la región china semiautónoma y rica en recursos de Manchuria. En 1936, los japoneses comenzaron una invasión de la propia China. El Ejército Imperial Japonés (IJA) creía que el futuro de Japón estaba en el continente asiático con sus amplios espacios abiertos y sus recursos naturales (níquel, hierro, madera, etc.; en ese momento, los recursos petroleros de la zona eran relativamente desconocidos). La Armada Imperial Japonesa (IJN) sabía que el petróleo y el caucho eran las claves de la guerra moderna, y se preocupaba más por las fuerzas de Gran Bretaña y los Estados Unidos en el Pacífico que por las de China o los soviéticos. Así que la IJN abogó por la expansión en el Pacífico.

A finales de la década de 1930, el ejército japonés había ganado el control del gobierno japonés en gran medida, y elementos de la IJA en China operaban con un sorprendente grado de independencia arrogante. Como había sucedido en China, las tropas japonesas provocaron un incidente con las fuerzas mongolas/soviéticas, y en un corto período de tiempo, comenzó una batalla a gran escala.

Stalin envió al general Georgy Zhukov (que más tarde se convertiría en el líder militar preeminente de la guerra de la Unión Soviética con Alemania) para tratar con los japoneses, junto con considerables refuerzos. Zhukov era un comandante despiadado que no prestaba atención a las bajas. Sin embargo, también era un estudiante de la guerra y había estudiado los últimos libros y documentos de los ejércitos de Francia, Gran Bretaña y Alemania, que afirmaban que una armadura masiva y maniobrable sería el factor más importante de la próxima guerra terrestre.

La batalla resultante fue una victoria decisiva para los soviéticos y una humillación para los japoneses. La batalla de Jaljin Gol se alojó tan fuertemente en la memoria de Japón que fue uno de los factores principales en su decisión de atacar a través del Pacífico y en el sur de Asia en la guerra venidera. Pero, aunque los japoneses decidieron rápidamente que no volverían a provocar a los soviéticos, Stalin y los líderes del Ejército Rojo siguieron siendo cautelosos con Japón y dejaron fuerzas considerables en el Lejano Oriente soviético en lugar de desplegarlas en Europa.

Ilustración 4: Vladimir Putin y el presidente mongol Khaltmaagiin Battulga ven un cuadro de la batalla de Jaljin Gol en el octogésimo aniversario de la batalla en 2019

Capítulo 4: Interludio

Cuando Stalin aceptó el pacto de no agresión con Hitler en agosto de 1939, no se hizo ilusiones de que la Unión Soviética permanecería en paz con Alemania. Stalin y Hitler se habían enfrentado durante mucho tiempo y sus respectivas ideologías. Hay varias teorías sobre cuáles eran las verdaderas creencias de Stalin. Al final de este libro, encontrará una lista de recursos que le permitirán examinar esta interrogante más de cerca. Hay algunas teorías bastante poco realistas (como la de Ernst Topitsch, que afirma que el pacto de Stalin con Hitler fue parte de un bien pensado "plan maestro" para causar una guerra devastadora en Europa, con Stalin invadiendo después de que Europa se desangrara). Sin embargo, la mayoría de los historiadores están de acuerdo en que el propósito del pacto, al menos para Stalin, era ganar tiempo.

La Unión Soviética estaba en una posición peculiar cuando estalló la Segunda Guerra Mundial. Sus fuerzas armadas eran enormes, pero estaban mal dirigidas, desorganizadas y paralizadas por las purgas de Stalin a finales de la década de 1930. En 1940, los soviéticos comenzaron a producir dos tanques que eran mejores que cualquier cosa que los alemanes tuvieran en el campo en ese momento (el T-34 y el KV-1). La fuerza aérea soviética era gigantesca, pero anticuada. La industria soviética crecía a pasos agigantados a finales de la década de

1930, pero mucha gente todavía no tenía suficiente para comer. El Ejército Rojo estaba preocupado por Hitler, pero también se enfrentó a millones de tropas japonesas en China.

A todo esto (y más) se sumaba la paranoia de Stalin. A veces creía en sus servicios de inteligencia y espías, pero otras veces, sospechaba que eran incompetentes o incluso traidores. Había esperado formar una alianza anti-Hitler con Francia y Gran Bretaña antes de la crisis checa de 1938, pero luego se volvió en contra de ellos al hacer el pacto con Hitler. Cuando los informes de inteligencia de Churchill y otros en Occidente advirtieron a Stalin sobre la próxima invasión alemana, los vio con sospecha, creyendo que los "capitalistas" querían que él provocara una guerra con Hitler para que los dos enemigos de Occidente, el nazismo y el comunismo, se destruyeran mutuamente.

Es probable que Stalin creyera que una guerra con Hitler era inevitable, es decir, si no era derrotado por Francia y Gran Bretaña, como muchos creían que podría ser. Aunque tuvo cuidado de no provocar un incidente, Stalin abandonó la línea de defensas en el oeste de la Unión Soviética, conocida como la Línea de Stalin, y trasladó muchas de sus tropas al este de Polonia, al Báltico y a la frontera con Rumania (que se alió con Hitler en el verano de 1940). La producción de armas aumentó, como se vio en la tabla del capítulo anterior, se reclutaron más hombres, y el número de personas en las milicias locales aumentó.

Aun así, Stalin fue explícito en sus órdenes a sus comandantes: "no provoquen a los alemanes". En las semanas previas a la invasión alemana de 1941, los aviones de reconocimiento alemanes cruzaron descaradamente el espacio aéreo soviético. Stalin advirtió a sus comandantes que no tomaran ninguna acción contra ellos, y una advertencia de Stalin *no* era una sugerencia.

El 9 de abril de 1940, Hitler invadió Dinamarca y Noruega. Dinamarca cayó en horas. Noruega se rindió después de una intensa lucha en tierra y mar.

El 10 de mayo, Hitler lanzó su invasión a Europa Occidental, atacando a Francia, Bélgica y Holanda simultáneamente. Estos dos últimos países cayeron en días. Francia cayó en unas asombrosas seis semanas. La Fuerza Expedicionaria Británica se vio obligada a retirarse a Inglaterra desde Dunkerque y Calais. Incluso aquellos que habían predicho una victoria alemana se quedaron atónitos por la velocidad con la que las fuerzas de Hitler derrotaron a los aliados.

Stalin estaba igual de sorprendido, y cuando Francia cayó, sus órdenes de no provocar a los alemanes fueron enfatizadas.

Aparte de los protocolos secretos que dividían a Polonia y otras partes de Europa del Este, el Pacto nazi-soviético incluía términos muy favorables para ambas partes. Al comienzo de la guerra nazi-soviética, Hitler recibiría cerca de un millón de toneladas de petróleo, más de un millón y medio de toneladas de grano y 140.000 toneladas de manganeso, así como cantidades más pequeñas de otras materias primas.

A cambio, Stalin recibió esquemas técnicos de los últimos buques de guerra alemanes, cañones navales pesados, una amplia variedad de máquinas y herramientas mecánicas también, y expertos para formar a los ingenieros y trabajadores soviéticos. El pacto estaba sorprendentemente bien equilibrado, ya que ambas naciones obtuvieron lo que necesitaban. Pero a medida que se acercaba la fecha de la invasión planeada por Hitler (que originalmente estaba fijada para el 15 de mayo de 1941), los alemanes incumplieron gran parte del acuerdo. Stalin era plenamente consciente de ello, pero los trenes con grano y otros materiales soviéticos siguieron fluyendo hacia el oeste para no provocar a Hitler.

El problema era que Hitler no necesitaba una provocación.

Capítulo 5: Barbarroja

Durante muchos años, los historiadores y laicos interesados en la Segunda Guerra Mundial creyeron que la ofensiva planeada por Hitler, llamada "Barbarroja" (por el rey germánico medieval Friedrich Barbarroja), se retrasó debido a la abortiva invasión de Mussolini a Grecia.

Esta invasión comenzó sin el conocimiento de Hitler en 1940. Las fuerzas de Mussolini lucharon para someter a los griegos, y Hitler se vio obligado a prestar ayuda a los italianos. Para ello, las fuerzas alemanas tendrían que pasar por Yugoslavia, que había sido amiga de Alemania hasta marzo de 1941, cuando un golpe pro-aliado derrocó al príncipe regente Pablo y colocó al rey Pedro II en el trono. Con eso, Hitler se vio obligado a invadir tanto Yugoslavia como Grecia. Ambos países estuvieron en manos alemanas en un mes, a partir de abril de 1940. Sin embargo, ambos se convertirían en una espina en el costado de Hitler durante toda la guerra, en particular Yugoslavia, que alejó a cientos de miles de tropas nazis de otros frentes, especialmente en la Unión Soviética.

A pesar del "espectáculo paralelo" en los Balcanes, el verdadero problema (como han señalado el eminente historiador de la Segunda Guerra Mundial Antony Beevor y otros) era la logística. Los alemanes no podían conseguir las cantidades necesarias de petróleo y combustible para las tropas que se preparaban para invadir la URSS. También estaba el problema de que un gran número de camiones y tanques franceses (muchos de los cuales eran máquinas excelentes) se trasladaban al este. Se estima que cuando se produjo la invasión de la Unión Soviética, alrededor del 80 por ciento de sus vehículos eran franceses, ya que el ejército francés había descuidado destruirlos antes de su rendición en 1940.

Las fuerzas de Hitler estaban listas a finales de junio, y el 22 de junio comenzó la mayor operación militar que el mundo había visto jamás. Tres millones y medio de tropas alemanas, finlandesas, rumanas, húngaras e italianas cruzaron las fronteras de Polonia, los estados bálticos y el sur de Rusia y Ucrania, que era un frente que se extendía a lo largo de unos 2.900 kilómetros de norte a sur. Esta fuerza incluía unos 6.000 tanques y otros vehículos blindados, 7.000 piezas de artillería y 7.000 morteros. En cualquier lugar entre 3.500 y 5.000 aviones volaron múltiples salidas el primer día.

Frente a los nazis y sus aliados había entre 2,5 y 2,9 millones de tropas soviéticas, que tenían 11.000 tanques. La mayoría de estos vehículos eran anticuados, aunque un número considerable de T-34, KV-1 y KV-2 sorprendieron a los alemanes con su fuerza, diseño moderno y potencia de fuego. La fuerza aérea soviética contaba con cerca de 11.000 aviones, aunque la gran mayoría eran anticuados y obsoletos. Más de 30.000 piezas de artillería estaban en el frente o cerca de él. Desafortunadamente para los soviéticos, muchos de estos cañones carecían de vehículos o caballos para moverlos y resultaron ser inútiles en una guerra altamente maniobrable.

Solo horas antes de que la invasión comenzara, un sargento alemán con simpatías comunistas desertó a los soviéticos, advirtiéndoles que Hitler estaba a solo horas de atacar. Fue tratado con rudeza, y aunque muchos en el frente le creyeron, cuanto más atrás fue llevado, más y más fue tratado con sospecha e incredulidad.

La persona con mayor cantidad de negación era la que la mayoría de la gente pensaría que sospecharía más de Hitler. Josef Stalin, quizás el hombre más paranoico y desconfiado de la Tierra en ese momento fuera de un asilo, no podía entender el hecho de que había sido engañado. Después de que los primeros reportes del ataque alemán llegaran a Moscú, Stalin entró en un estado mental, que combinó shock, incredulidad y depresión, durante horas.

Stalin había sido advertido de los planes de Hitler por varias fuentes. Sus militares en el frente enviaron informes de movimientos masivos de tropas alemanas. Funcionarios diplomáticos y de inteligencia en Europa enviaron informes a Moscú con graves recelos. Sus espías en toda Europa y en Japón le dijeron que una invasión alemana era inminente. Incluso Winston Churchill envió a Stalin un telegrama advirtiéndole de las intenciones de Hitler. Todo esto fue recibido con incredulidad y duda, ya que Stalin sospechaba que un complot capitalista estaba en marcha para provocarle a atacar a Hitler, debilitando a ambos dictadores para que los "capitalistas" pudieran entrar. Después del 22 de junio, Stalin comenzó a creer en la mayoría de sus agentes de inteligencia y diplomáticos, pero su confianza en ellos llegó gradualmente.

Al pueblo de la Unión Soviética ni siquiera se le dijo que su nación había sido invadida hasta la tarde del 22. Cuando se transmitió la noticia, no fue Stalin, sino el Ministro de Relaciones Exteriores soviético Molotov quien les informó:

Todo nuestro pueblo debe estar ahora más sólido y unido que nunca... El gobierno los llama a ustedes, ciudadanos de la Unión Soviética, a unirse aún más estrechamente en torno a nuestro glorioso partido bolchevique, a nuestro gobierno soviético, a nuestro gran líder y camarada, Stalin. La nuestra es una causa justa. El enemigo será derrotado. La victoria será nuestra.

Stalin se retiró del Kremlin a su dacha (retiro de vacaciones) en el bosque. Stalin era conocido por su lenguaje áspero y vulgar, y al salir del Kremlin, se le oyó decir: "Todo está perdido. Me rindo. ¡Lenin fundó nuestro estado y lo hemos arruinado!". Dio órdenes vagas para que sus fuerzas atacaran y luego se retiró a sí mismo.

El liderazgo soviético dependía tanto de Stalin que, durante casi ocho días completos, el Ejército Rojo no tuvo ningún liderazgo real. Nadie quería arriesgar su cuello dando órdenes en lugar de Stalin. No fue hasta el 30 de junio que los otros miembros del Comité Central del Partido Comunista de la Unión Soviética, junto con Molotov y miembros del ejército, visitaron a Stalin en su casa.

Algunos creen que Stalin estaba poniendo a prueba su liderazgo. ¿En quién podía confiar? ¿Quién podría querer dar órdenes en su lugar? Otros dicen que Stalin estaba simplemente sufriendo de agotamiento nervioso. Lo que sí sabemos es que Stalin estaba asustado, tal vez por primera vez en años. Más tarde dijo que creía que Molotov y los otros estaban allí para arrestarlo. No fue así, porque el grupo le dijo a Stalin que creían que el esfuerzo de la guerra debía ser manejado por un solo hombre. El dictador les preguntó algo como "¿A quién tienes en mente?". Molotov respondió: "A usted, camarada Stalin". Con eso, "El Jefe", como lo llamaron muchos, volvió a la vida.

Casi dos semanas después de la invasión alemana, Stalin se dirigió al pueblo de la Unión Soviética en un largo discurso, evocando el espíritu de 1812, cuando Napoleón fue obligado a retirarse de Moscú, y recitando la historia de las relaciones de la URSS con Hitler. Por supuesto, pintó a la Unión Soviética bajo una luz inocente. Sin embargo, "El Jefe" pintó un cuadro terrible de las pérdidas territoriales soviéticas en su declaración inicial, junto con un par de grandes mentiras.

El traicionero ataque militar de Hitler y Alemania a nuestra madre patria, que fue lanzado el 22 de junio, continúa. A pesar de la heroica resistencia del Ejército Rojo y de que las mejores divisiones del enemigo y sus mejores unidades de la fuerza aérea ya han sido destruidas y han llegado a su fin en los campos de batalla, el enemigo sigue avanzando y lanza nuevas tropas a la batalla. Las fuerzas de Hitler han logrado conquistar Lituania, una parte considerable de Letonia, la parte occidental de Bielorrusia y parte del oeste de Ucrania. La fuerza aérea fascista amplía el alcance de sus bombarderos y somete a los bombardeos a Murmansk, Orsha, Mogilyow, Smolensk, Kiev, Odessa y Sevastopol. Un grave peligro se cierne sobre nuestra madre patria... ¡Camaradas! Nuestras fuerzas son ilimitadas. El arrogante enemigo pronto experimentará esto... ¡Todos nuestros esfuerzos en apoyo de nuestro heroico Ejército Rojo y nuestra ilustre Armada Roja! ¡Todos los esfuerzos de la población para la destrucción del enemigo! ¡Adelante, por nuestra victoria!

En los primeros días de la invasión, las fuerzas de seguridad de la NKVD se desbocaron. Miles de personas fueron arrestadas, y muchas fueron fusiladas por cargos que iban desde supuesto sabotaje hasta "derrotismo". Después de volver al poder, Stalin hizo fusilar a varios generales.

Después de la guerra de Finlandia, Stalin cambió la estructura del Ejército Rojo. Antes de la debacle en Finlandia, el NKVD y otros oficiales del Partido Comunista estaban al lado de los oficiales militares al mando de las formaciones hasta el nivel de compañía. Estos hombres necesitaban ser consultados para virtualmente cada decisión militar para ver si estaba en línea con el "pensamiento estalinista" o la "línea del partido", que eran una y la misma, y para verificar la lealtad del ejército. También casi paralizó la toma de decisiones. Cuando Stalin retiró a estos oficiales políticos, que en su mayoría no estaban entrenados, fue una decisión popular en el Ejército Rojo. Ahora, Stalin reinstauró el orden, lo que empeoró las cosas en el frente.

En todo el país, los trabajadores del Partido Comunista y los departamentos de propaganda trabajaron movilizando y organizando al pueblo. Se impusieron controles más estrictos en fábricas, granjas colectivas y otras instituciones. Se celebraron mítines y se organizaron voluntarios para el ejército y las milicias locales. Se reclutó a un gran número de hombres y para muchos, el tiempo entre su entrada en el ejército y su muerte en el frente era cuestión de días. El adiestramiento en algunas zonas cercanas al frente duraba días, a veces horas, y a veces no se realizaba nunca. Mucho de lo que hacían los soviéticos era necesario, pero con el tiempo, la intervención de los oficiales políticos en la toma de decisiones militares fue contraproducente, y se pusieron fin a los llamamientos para que la población actuara como comunistas en lugar de como patriotas. El discurso de Stalin declaró que la guerra con Hitler no era una guerra con el pueblo alemán, que, según Stalin, eran en su mayoría obreros y campesinos oprimidos por los nazis y los capitalistas.

Los llamados a la "solidaridad comunista" y al "fervor comunista" cayeron en oídos sordos. En un período relativamente corto de tiempo, Stalin y el gobierno soviético comenzaron a llamar al pueblo a recordar las victorias rusas del pasado. Aunque la URSS estaba formada por muchas nacionalidades y grupos étnicos, los rusos y los rusos blancos de Bielorrusia, estrechamente relacionados entre sí, eran mayoría e históricamente eran los más poderosos y dominantes. Se destacaron las victorias rusas contra los Caballeros Teutónicos Alemanes de la Edad Media y muchas otras "glorias" rusas, como puede verse en el cartel que figura a continuación:

Ilustración 5: Los espíritus de los héroes rusos Alexander Nevsky, el mariscal Mikhail Kutuzov y un soldado del Ejército Rojo de la Revolución rusa piden al Ejército Rojo que derrote a Hitler

Capítulo 6: Guerra de exterminación

La Segunda Guerra Mundial en el Frente Oriental, como se puede deducir de los totales de muertes que proporcionamos en la introducción, fue extraordinariamente brutal. Por supuesto, la guerra, por su propia naturaleza, es brutal, pero como muchas otras cosas en la vida, hay un continuo. Un piloto de combate de la Segunda Guerra Mundial que este escritor conocía sobrevivió a una colisión en el aire sobre la Línea Sigfrido en Alemania occidental en 1944. Mientras se lanzaba en paracaídas al suelo, notó un gran grupo de aldeanos reunidos abajo. Cuando aterrizó, estaba claro para él que, al menos, le darían una buena paliza, aunque probablemente sería algo peor. De todas las cosas, un oficial de las SS vino a su rescate. Lo llevaron a un campo de prisioneros de guerra, y aunque ser prisionero era difícil, me dijo dos cosas: "Me alegro de no haber estado en el Pacífico y haber sido hecho prisionero por los japoneses, y me alegro de no haber sido uno de los rusos que vi al otro lado del alambre en el campo".

Por supuesto, las SS eran conocidas por su brutalidad asesina, pero la guerra en el frente occidental y en el norte de África fue de años luz diferente a la guerra en la Unión Soviética o en el Pacífico. En esos dos lugares, el ánimo racial y étnico combinado con la ideología creó un telón de fondo para el peor tipo de atrocidades.

La primera víctima del ataque de Hitler hacia el este fue la Polonia oriental controlada por los soviéticos. Los polacos no se hacían ilusiones sobre lo que les esperaba, pero cuando las tropas de Hitler entraron en la propia Unión Soviética, algunos soviéticos acogieron a los invasores. Esto fue especialmente cierto en Ucrania, donde el nacionalismo ucraniano todavía era fuerte. También fue allí donde Stalin había creado o al menos exacerbado una hambruna que mató a millones de personas, sin mencionar el Gran Terror, que mató a cientos de miles más.

Aunque hubo colaboradores ucranianos durante toda la época de Hitler en la región (muchos miles trabajaron en los campos de concentración/exterminio), la mayoría de la gente en Ucrania y en otros lugares pronto se dio cuenta de que el reinado de Hitler iba a ser aún peor que el de Stalin.

En la Unión Soviética de Stalin, los antiguos segmentos de clase alta y media de la población habían sufrido mucho en los años posteriores a la Revolución rusa y a la colectivización. Durante el Gran Terror, las personas que eran incluso sospechosas de haber cometido un delito eran enviadas al Gulag sin ser juzgadas, donde morían millones de personas. Pero en los años anteriores a la guerra, la URSS, aunque lejos de ser el paraíso que la propaganda soviética pintaba como tal, se había asentado en una rutina algo pacífica. En las ciudades, la gente recibía una educación y asistencia sanitaria gratuita. Los miembros de las clases trabajadoras tenían la oportunidad de subir la escala social en una escala nunca antes vista en la historia de Rusia. Las mujeres tenían más derechos que antes, y en muchos casos, estaban en posiciones de responsabilidad en la manufactura y, hasta cierto punto, en el gobierno.

Cuando Hitler invadió, todo eso cambió. La gente no fue juzgada por su lealtad, sino por su raza o, como a los nazis les gustaba decir, "sangre". Obviamente, apuntaban específicamente a la población judía, cuyo sufrimiento no tenía límites, pero el resto de la población eslava de la Unión Soviética estaba destinada a morir de hambre y a ser asesinada en masa, entre otros grupos minoritarios. Si Hitler había sido capaz de forzar a la Unión Soviética a rendirse, el plan alemán para la parte occidental de la URSS era alimentar a la población lo suficiente para mantenerla viva y esperar a que murieran los que no fueron asesinados. Cuando esto ocurriera, los "colonos" alemanes se moverían y reclamarían la tierra para el Reich.

En un mes o dos, muchos ciudadanos de la URSS sabían a lo que se enfrentaban. Los sobrevivientes de las áreas de primera línea llegaron a ciudades como Moscú y Leningrado con historias de atrocidades y destrucción alemana. En cierto modo, los alemanes eran su peor enemigo. Si hubieran tratado a la población con al menos un grado de respeto y no con terror masivo, podrían haber ganado millones de conversos para luchar contra Stalin. Pero obviamente, eso no es lo que el nazismo se trataba.

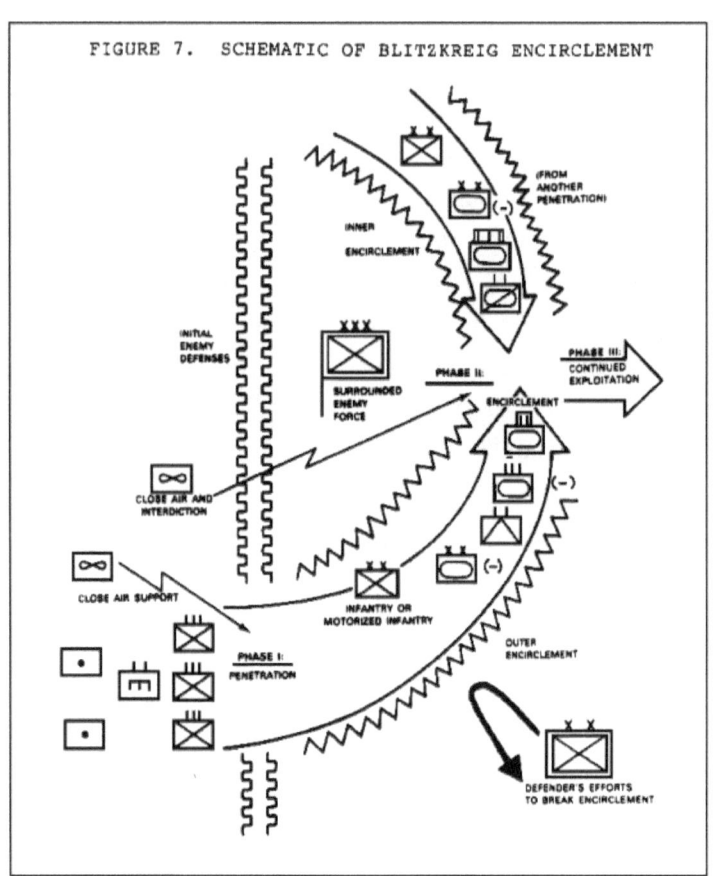

Ilustración 6: La guerra relámpago consistía en inmovilizar unidades enemigas con avances que eran explotados por grandes formaciones acorazadas, que perturbaban la retaguardia y las líneas de suministro del enemigo, para cortar las tropas de primera línea. Esto implicaba un alto grado de entrenamiento, liderazgo y coordinación

Cuando las fuerzas armadas alemanas atacaron, los soviéticos sabían lo que se avecinaba, al menos en cuanto a las tácticas que esperaban que el enemigo utilizara. Lo habían visto en Polonia, Europa Occidental y el norte de África. Sin embargo, saber lo que un enemigo va a hacer es una cosa; detenerlo es otra.

La doctrina militar de los soviéticos antes de la guerra exigía que un gran número de hombres y tanques pasaran a la ofensiva. Militarmente, se pensaba que la abrumadora superioridad del Ejército Rojo en hombres y tanques desgastaría al enemigo. Políticamente, los líderes soviéticos, desde Lenin y Trotsky hasta Stalin, creían que una estrategia ofensiva mostraría al pueblo el "dinamismo" del comunismo. Las tropas soviéticas también serían bienvenidas por los trabajadores de otros países como "libertadores". En secreto, la dirección creía que prepararse para una guerra defensiva sería contraproducente y alentaría a una población intranquila a rebelarse. En la última mitad de la guerra (del verano de 1943 a 1945), esto fue exactamente lo que hicieron los soviéticos, pero en 1941, una combinación de factores hizo imposible la ejecución efectiva de este plan.

Primero, ningún general soviético estaba preparado para tomar ninguna iniciativa. Las tácticas de la guerra relámpago se basan en la velocidad, por lo que había que dar un gran grado de autonomía a los comandantes de campo. Sin embargo, después de las purgas de Stalin, eso no iba a suceder.

Segundo, aunque algunas unidades habían recibido entrenamiento en tácticas militares modernas antes de la guerra, la gran mayoría no lo había hecho. Zhukov había llevado a cabo con éxito tácticas de tipo guerra relámpago contra los japoneses en Mongolia, pero eso fue a una escala relativamente pequeña con tropas entrenadas. A Zhukov también se le dio rienda suelta para tratar con los japoneses mientras tuviera éxito, lo que no ocurrió en la guerra nazi-soviética. Incluso las tropas con entrenamiento en tácticas modernas (y esto era especialmente cierto para las unidades blindadas y aéreas) no tenían la tecnología necesaria para llevarlas a cabo. Los comandantes de los tanques podían tener una radio en su vehículo, pero ninguno de los tanques subordinados la tenía, lo que llevó a un colapso en la comunicación. Lo mismo ocurría con los aviones, por lo que coordinar los ataques de tanques y aviones era casi imposible. Las banderas y las señales de mano no podían verse en la batalla, incluso si las tripulaciones de los tanques eran lo suficientemente tontas como para pararse en sus torretas para hacerlo, lo que muchos de ellos eran.

Tercero, aunque los comandantes soviéticos no estaban preparados para tomar ninguna iniciativa real, en los primeros días y semanas de la guerra, recibieron órdenes de "ATACAR". Es difícil de creer, pero casi no importaba dónde, cómo o con qué otras unidades. Cuando llegaron las órdenes de atacar a los alemanes, eso es lo que hicieron. Era mejor arriesgarse en el campo de batalla que desobedecer las órdenes y ser disparado por la NKVD.

Cuarto, la gran mayoría de las tropas soviéticas al principio de la guerra tenían poco entrenamiento. Debido a los rápidos movimientos de los alemanes, un gran número de tropas soviéticas fueron asesinadas o capturadas, junto con su equipo. La situación era tan grave que a los nuevos reclutas se les daba un uniforme (muchas veces sin botas, los afortunados tenían zapatos de casa) y se les decía que recogieran el arma de un hombre que había caído cerca de ellos. Esto no es una exageración.

La Unión Soviética occidental tiene dos características geográficas notables: vastos bosques (algunos del tamaño de los estados de EE. UU.) y llanuras que se extienden hasta el horizonte y más allá de cientos de kilómetros. En ese momento, muchos de esos bosques eran verdaderamente impenetrables, especialmente para los vehículos militares. También era difícil coordinar y mover grandes unidades de infantería dentro de ellos. La mayoría de estos bosques fueron desviados por los alemanes para ser barridos por los rezagados más tarde

En las llanuras, la guerra relámpago se desarrolló como en otras áreas de Europa. Los ataques de la infantería alemana, apoyados por la artillería, apuntarían a las formaciones rusas y las mantendrían en su lugar. Los puntos débiles de la línea serían explorados, y los ataques aéreos y de blindaje se realizarían en estrecha coordinación y con gran fuerza, conduciendo profundamente detrás de la línea principal del enemigo y luego reuniéndose para rodear al enemigo. Cuando los soviéticos pasaban a la ofensiva, sacaban a las tropas del Ejército Rojo de las posiciones defensivas, lo que jugaba a favor de los alemanes.

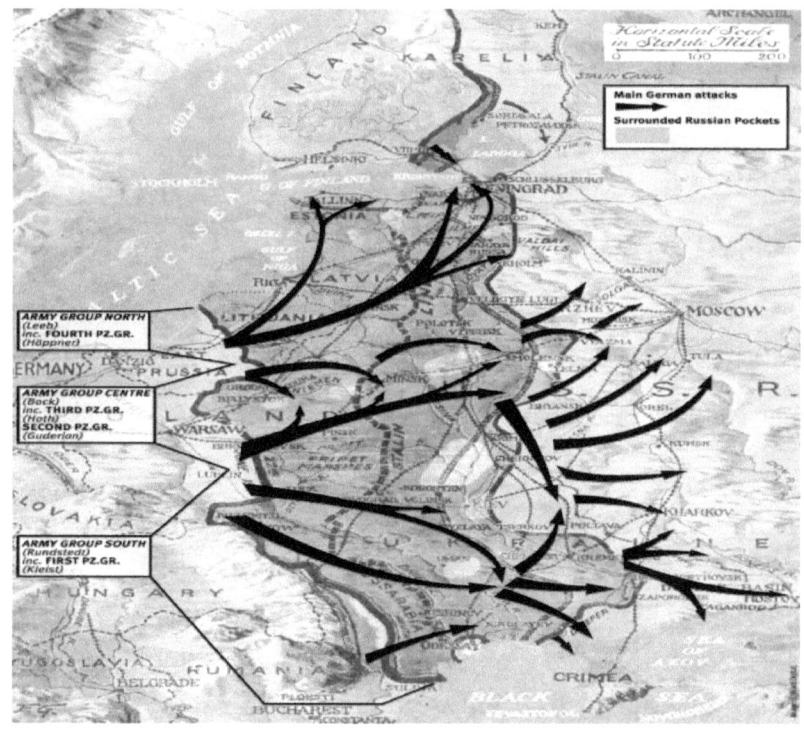

Ilustración 7: La Operación Barbarroja vio cómo se realizaban tácticas de guerra relámpago a escala masiva. Las áreas rosadas son donde cientos de miles de tropas soviéticas fueron rodeadas

Como se puede ver en el mapa de arriba, los soviéticos fueron superados en una gran escala. Las tropas alemanas y el liderazgo nazi hasta el Führer creían que era solo cuestión de tiempo antes de que los soviéticos colapsaran completamente o rogaran por los términos de la rendición.

En dirección al este, los soldados alemanes y sus aliados a veces se levantaban por la mañana y empezaban a marchar en un intento de alcanzar a sus camaradas motorizados, caminando de sol a sol. A veces, pasaban por delante de cientos de miles de tropas del Ejército

Rojo que se dirigían hacia el oeste a los campos de prisioneros de guerra.

Ilustración 8: Tropas soviéticas marchando hacia un destino incierto como prisioneros alemanes (cortesía del Museo Conmemorativo del Holocausto de los Estados Unidos)

Los soldados del Ejército Rojo que fueron hechos prisioneros estaban entre la espada y la pared. Más de cinco millones de soldados soviéticos murieron de hambre, enfermedad o exceso de trabajo en los campos de concentración alemanes. Muchos fueron fusilados en el acto. Las primeras víctimas del gas Zyklon-B, también conocido como cianuro de hidrógeno, fueron los soldados del Ejército Rojo en Auschwitz que fueron utilizados como conejillos de indias.

Los soldados soviéticos que lograron escapar a menudo fueron enviados al Gulag como traidores por haber sido capturados en primer lugar o como presuntos espías nazis. En muchas ocasiones, las familias de los prisioneros de guerra cayeron bajo sospecha y/o perdieron sus trabajos. Al final de la guerra, aquellos que habían sobrevivido al cautiverio alemán y regresaron a la URSS fueron enviados directamente al Gulag como traidores o para "reeducación".

Muchos no sobrevivieron. La guerra en el Frente Oriental fue terrible en más formas de las que la mayoría puede imaginar.

Por supuesto, los soldados alemanes que cayeron en manos soviéticas sufrieron un destino similar. Se disparó a tantos como fueron tomados prisioneros. Los que sobrevivieron a su captura inicial fueron enviados al Gulag, donde la mayoría murió. A principios de 1943, cuando la batalla de Stalingrado terminó en una victoria soviética, 91.000 soldados alemanes y aliados fueron hechos prisioneros. Solo 5.000 regresaron a casa.

Aunque los soviéticos lucharon duro en algunos lugares (a medida que los alemanes se adentraban en la URSS, la resistencia soviética se endureció considerablemente), los nazis tomaron trozos del país a la vez. Áreas muchas veces más grandes que el Reich alemán de 1938 cayeron en manos de Hitler. Mientras la lucha en el frente se movía hacia el este con gran rapidez, los soviéticos se encontraron en otra lucha. Necesitaban salvar las industrias del país, la gran mayoría de las cuales se encontraban en la parte occidental de la nación, y evacuar a tanta gente de las áreas de primera línea (o que pronto serían áreas de primera línea) como pudieran.

En lo que respecta a la población, los funcionarios estaban bajo la espada de doble filo de Stalin. Si empezaban a evacuar a las personas y las fábricas demasiado pronto, corrían el riesgo de ser tachados de "derrotistas" y posiblemente sufrirían graves castigos, incluso ser fusilados. Si no evacuaban a tiempo a las personas y las máquinas, podrían ser acusados de incompetencia o, peor aún, de trabajar para los alemanes.

Después de las primeras semanas, la situación se calmó un poco, ya que los de arriba se dieron cuenta de que los alemanes se movían mucho más rápido de lo que nadie había imaginado que podían. En muchos casos, la gente no esperó a que los funcionarios locales del Partido Comunista le dijeran que se fuera; simplemente huyeron en pánico cuando los nazis se acercaron. Sin embargo, en muchos casos, especialmente lejos de los principales empujones alemanes (como puede ver en la Ilustración 7), enormes áreas del país fueron inicialmente dejadas de lado por los alemanes en su intento de adentrarse profundamente en la URSS y envolver grandes formaciones soviéticas. Muchos pueblos, aldeas y ciudades más pequeñas fueron aislados, y se convirtieron en refugios para los ciudadanos que huían, ya que estaban tranquilos y aislados de las comunicaciones, al menos por el momento. Cuando las tropas alemanas de primera línea pasaron, los refuerzos y las tropas de ocupación entraron. Cada vez que los nazis llegaban, comenzaba un régimen duro. Inmediatamente, los alemanes se movilizaron para arrestar a cualquier líder local o regional que pudieran encontrar. Cualquiera que fuera encontrado como miembro del Partido Comunista era tomado, y en la mayoría de los casos, era ejecutado. En algunos lugares, especialmente en los estados bálticos (que habían sido libres desde 1919 hasta que Stalin los anexó en 1940), multitudes masivas se volvieron contra los soviéticos y comunistas locales que quedaban, a menudo golpeándolos hasta la muerte.

Desgraciadamente, el antisemitismo se propagó en el Báltico, así como en otras zonas ocupadas por los alemanes. Cuando los soviéticos se trasladaron a Letonia, Estonia y Lituania (especialmente a esta última), muchos judíos se dirigieron a ellos como salvadores relativos, haciendo caso a sus palabras de "hermandad universal de las clases trabajadoras e igualdad". Los judíos de estas zonas habían vivido con persecución de varios grados durante siglos, y muchos (pero no todos) se habían inclinado hacia el socialismo y el comunismo como esperanza de un futuro mejor. En algunos lugares, los comunistas judíos fueron puestos en posiciones de poder bajo el régimen de Stalin. Cuando los nazis entraron, el antisemitismo latente explotó a la vista, lo que fue alentado por los alemanes. Por supuesto, los alemanes, en la forma de los SS *Einsatzgruppen* ("Grupos de Acción Especial"), hicieron la mayoría de las matanzas. Debido a los antisemitas locales y a las SS, los países bálticos fueron las primeras naciones que las SS llamaron *Judenfrei* ("libres de judíos"). En otras partes de la Unión Soviética, especialmente en el oeste de Ucrania, ocurrieron cosas similares.

En las partes de la URSS que se encontraban bajo control alemán, comenzó la explotación planificada de la población, empezando por el suministro de alimentos, gran parte del cual comenzó a fluir de vuelta a Alemania. En algunos lugares, los alemanes encontraron fábricas, minas, ferrocarriles y otras infraestructuras intactas. En estos casos, los soviéticos no tuvieron tiempo de evacuar o destruir nada mientras se retiraban. En muchos otros pueblos y ciudades, la infraestructura fue destruida por batallas o por fuego de artillería y bombardeos aéreos.

Sin embargo, especialmente a medida que se adentraban en la Unión Soviética, los alemanes descubrieron que muchas de las fábricas simplemente habían sido derribadas y eliminadas. Aunque los historiadores están descubriendo que el número de fábricas e industrias soviéticas evacuadas fue menor de lo que se creía en un principio, la eliminación y el restablecimiento de las industrias soviéticas más al oeste, que estaban fuera del alcance de las tropas y bombarderos alemanes, puede considerarse un milagro moderno. Sin esas industrias, es muy probable que los soviéticos hubieran perdido la guerra.

Los soviéticos movieron 2.593 plantas fuera de peligro. Un buen trozo, alrededor de 1.523 de ellas, eran plantas grandes. De estas grandes plantas de tanques, aviones, armas y municiones, 226 fueron trasladadas a la región del Volga, 667 a los montes Urales, 244 a Siberia occidental, 78 a Siberia oriental y 308 a Kazajstán y a las demás repúblicas soviéticas de Asia Central. Algunas de las plantas que habían sido trasladadas a la región del Volga fueron reubicadas en la zona de Stalingrado, donde muchas continuaron produciendo mientras la batalla se libraba a su alrededor. Durante la ofensiva alemana del verano de 1942 en el sur de la Unión Soviética, hubo que trasladar más industrias, incluidas algunas que habían sido evacuadas anteriormente.

Como era de esperar, esto no salió sin problemas. A veces, los trabajadores de estas plantas terminaban a cientos de kilómetros de sus equipos. A veces, el equipo fue arrojado en el medio de la nada para cumplir con las cuotas y los requisitos de velocidad solo para ser encontrado más tarde. En algunos casos, esto era lo que se instruía, y un número considerable de fábricas reiniciaron la producción al aire libre, alimentadas por generadores diésel.

Algunas fábricas se pusieron en marcha muy rápidamente. Partes de la fábrica de tanques de Leningrado Kirov fueron evacuadas a principios de agosto y volvieron a producir tanques el 1 de septiembre en otra parte del país. De unas 1.500 plantas evacuadas durante la segunda mitad de 1941, unas 1.200 estaban en funcionamiento de nuevo en 1942.

La producción soviética fue asombrosa, aunque sus áreas más productivas y pobladas cayeron en manos de los alemanes. A pesar de eso, Stalin exigía constantemente más ayuda de los aliados occidentales. Esta ayuda había comenzado a muy pequeña escala antes de que los Estados Unidos se involucraran en la guerra, pero con la entrada de la mayor potencia industrial del mundo, la ayuda a la URSS aumentó año tras año e incluyó también productos agrícolas.

Aunque Estados Unidos y Gran Bretaña enviaron armas a los soviéticos, incluyendo tanques y aviones de combate, los rusos se volvieron relativamente autosuficientes en esos sectores a finales de 1942. Los tanques (que incluían el principal tanque de batalla estadounidense de antes de la guerra, el M3 Lee, y el posterior M4 Sherman, ambos inferiores a los tanques soviéticos) y los aviones (principalmente aviones de reconocimiento y los relativamente obsoletos P-39 Airacobras) no eran tan necesarios como las armas pequeñas y los cañones antiaéreos, el transporte y las materias primas, especialmente el caucho. Cientos de miles de camiones y jeeps estadounidenses ayudaron mucho a los soviéticos en el esfuerzo de la guerra.

Estos suministros llegaron a través de la frontera iraní en el sur (ese país fue ocupado conjuntamente por los soviéticos y los británicos en 1941 para asegurar la ruta de suministro), a Asia Central a través de la India, y, lo que es más famoso, a través de los convoyes de Murmansk en el Círculo Polar Ártico. Estos convoyes de mercaderes navegaban no solo por algunas de las condiciones meteorológicas más atroces de la Tierra, sino también por grandes concentraciones de submarinos alemanes, que a veces causaban tales estragos entre los mercaderes que los convoyes tenían que ser detenidos en ocasiones.

Ilustración 9: Las condiciones a las que se enfrentaron los barcos navales y mercantes de los convoyes de Murmansk fueron brutales durante gran parte del año

En lo que respecta a la población, las evacuaciones a veces estaban bien organizadas y eran oportunas, pero a menudo no lo eran. Dos de los ejemplos más trágicos fueron en Leningrado a finales del verano de 1941 y en Stalingrado en 1942. En ambos casos, cientos de miles de civiles fueron evacuados, pero ambas ciudades albergaban a millones de personas. Durante los dos años y medio de asedio a Leningrado, un millón de civiles murieron. En Stalingrado, la cifra fue de cientos de miles. Esto ocurrió en todo el país a menor escala.

Es sorprendente que a pesar de la pérdida de la mayoría de sus zonas más productivas y ricas en recursos y la muerte o captura de millones de personas, la producción soviética aumentó año tras año con la excepción de 1945, el último año de la guerra. A continuación, verá una tabla con las principales categorías de la producción de defensa soviética.

	1940	1941	1942	1943	1944	1945
Aviación	10,565	15,735	25,436	34,845	40,246	20,102
Tanques / armas autopropulsadas	2,794	6,590	24,446	24,089	28,963	15,419
Artillería/morteros (miles)	53.8	67.8	356.9	199.5	129.5	64.6
Fusiles/carabinas (millones, excepto 1945)	1.46	2.66	4.05	3.44	2.45	574.000

Capítulo 7 - Las grandes batalla

La guerra en el Frente Oriental involucró a millones de hombres de ambos lados de muchas nacionalidades, incluyendo a los rusos, alemanes, finlandeses, húngaros, rumanos, italianos y españoles, sin mencionar los muchos grupos étnicos que conformaban la Unión Soviética. Decenas de miles de batallas se libraron entre 1941 y 1945, la mayoría de ellas solo recordadas por historiadores especializados en el tema y por los propios veteranos de las batallas.

Sin embargo, varias de las batallas libradas en el Frente Oriental fueron monumentales y conmovedoras: la invasión inicial de la Operación Barbarroja, que los alemanes ejecutaron con una velocidad asombrosa, Leningrado, Moscú, Stalingrado, Kursk, la Operación Bagration y Berlín.

Barbarroja

En los primeros meses de la guerra, tuvo lugar una serie de enormes batallas, la mayoría de ellas resultando en tremendas derrotas soviéticas y pérdidas de mano de obra. Como se ha leído en un capítulo anterior, los alemanes usaron sus tácticas de guerra relámpago con gran efecto a lo largo de todo el frente, atravesando las líneas del frente soviético y conduciendo profundamente detrás de las masas de tropas soviéticas antes de que pudieran reaccionar, cortándoles los refuerzos y suministros.

Los alemanes rodearon y eliminaron a cientos de miles de tropas del Ejército Rojo en lugares como Bialystok, Polonia, cerca de Minsk en RSS de Bielorrusia (actual Bielorrusia), cerca de Uman y Kiev (a menudo escrito como Kyiv hoy en día) en Ucrania, y en Briansk, Smolensk y Vyazma en su camino hacia Moscú. Eso no quiere decir que la lucha fuera fácil. Los alemanes sufrieron tremendas bajas, y fueron menos capaces de mantenerlas que el Ejército Rojo.

Durante la Operación Barbarroja, que comenzó el 22 de junio de 1941, el número de muertos alemanes se acercó a los 200.000 en diciembre de 1941, con otros 40.000 desaparecidos en acción y casi 700.000 heridos. Un gran número de tanques y aviones fueron destruidos, casi 3.000 de cada uno. Sus aliados sufrieron 150.000 muertos, heridos o desaparecidos.

A pesar de la gran cantidad de muertos, las pérdidas infligidas al Ejército Rojo los empequeñecieron. Casi 600.000 soldados soviéticos murieron, casi 300.000 murieron de enfermedad, hambre, frío o ejecución (los soviéticos ejecutaron a los soldados por deserción, y los alemanes también fueron responsables de las atrocidades cometidas contra los soviéticos en el campo de batalla o cerca de él). Cerca de un millón y medio de hombres fueron heridos, y tres millones de soldados soviéticos fueron capturados (alrededor de un cuarto de ellos eran reservistas que fueron capturados antes de que pudieran entrar en batalla). Las pérdidas soviéticas en tanques y aviones fueron asombrosas: más de 20.000 cada uno. La mayoría de los aviones soviéticos fueron destruidos en tierra en los primeros días de la guerra.

Si los soviéticos superaban a los alemanes en número de hombres y material, ¿cómo y por qué los alemanes ganaron batalla tras batalla en los primeros meses de la guerra? Algunas de las razones ya han sido discutidas: La depresión de Stalin y las órdenes de simplemente atacar, que jugaron a favor de los alemanes; la falta de iniciativa de los soviéticos combinada con la falta de experiencia tanto en el mando como en el campo de batalla; y oficiales y tropas alemanas altamente experimentados con una moral extremadamente alta y una teoría del campo de batalla probada y comprobada que fue ejecutada casi sin problemas.

Aun así, a partir de finales de agosto o principios de septiembre de 1941, desde Hitler hasta el soldado alemán más bajo en el campo de batalla, los nazis comenzaron a rascarse la cabeza y a hacerse una serie de preguntas: "¿Cómo pueden los rojos seguir luchando?" "¿De dónde vienen todos estos hombres?" "¿Por qué nadie sabía que la mayoría de los tanques soviéticos eran mejores que los nuestros?". A medida que los alemanes se acercaban a la capital de Moscú y a la "segunda ciudad" de la URSS, Leningrado, también vieron un endurecimiento de la determinación soviética. Aunque grandes cantidades de tropas soviéticas seguían rindiéndose, esas cantidades se reducían, ya que los soldados soviéticos luchaban con más fuerza y habilidad.

También afectaron a la moral alemana las vastas extensiones de la URSS. Alemania es un país pequeño, del tamaño de los estados de Washington y Oregón juntos. Muchos alemanes en ese momento nunca habían estado fuera de su estado o región de origen, y ahora, se enfrentaban a kilómetros y kilómetros de llanuras ilimitadas sin prácticamente ningún punto de referencia.

En el verano, Alemania era calurosa y polvorienta. A partir de finales de septiembre o principios de octubre, empezó a llover. Rusia tiene dos estaciones de lluvias: otoño y primavera. En cada caso, especialmente en los años de guerra y antes de que las carreteras pavimentadas se convirtieran en algo común en el país, la lluvia lo convirtió todo en barro pantanoso. Los rusos tienen un nombre para la temporada de lluvias: *Rasputitsa*, que significa "El mar de barro" o "El tiempo de barro". Empantanó los tanques y los caballos, que impulsaban al ejército alemán en mayor medida que el transporte motorizado, frenando el avance alemán sobre Moscú.

Ilustración 10: Tropas alemanas arrastrando un coche de mando por el barro ruso. La bandera nazi está en el capó del coche para identificarlo ante los aviones alemanes y evitar el fuego amigo (cortesía del Bundesarchiv)

A finales de octubre, los alemanes estaban desgastados por el barro y la lluvia, la cada vez más feroz resistencia soviética y los problemas logísticos, que incluían la avería de muchos de sus tanques y vehículos y la falta de piezas de repuesto. Incluso Hitler se dio cuenta de que la probabilidad de que sus hombres tomaran Moscú en 1941 era mínima o nula, pero decidió seguir adelante antes de que llegara el invierno.

Sin embargo, saber cómo es el invierno ruso a partir de la lectura de un libro o de un informe de inteligencia es muy diferente de experimentarlo. Los oficiales y hombres alemanes más conscientes sabían que estaban mal preparados para el frío que se avecinaba, pero no fue hasta después de que se estableció que Hitler y los nazis se dieron cuenta de lo mal equipadas que estaban sus tropas. En ese momento, la desesperación echó raíces y Alemania organizó una campaña nacional para animar a los hombres y mujeres alemanes a donar ropa de invierno. No era un espectáculo inusual ver a las tropas alemanas endurecidas por la batalla usando estolas de piel de mujer y visones en el frente.

Sin embargo, la mayoría de lo que se recogió llegó demasiado tarde para ayudar a las tropas frente a Moscú.

Ilustración 11: Aparte de los cascos blanqueados, estas tropas alemanas, como la mayoría, estaban mal preparadas para el invierno ruso. Obsérvese la ropa, que era más adecuada para el otoño que las temperaturas de -29°C

Ilustración 12: Por el contrario, muchas tropas soviéticas estaban mejor preparadas para el clima, especialmente las traídas al oeste de Siberia

La responsabilidad de la defensa de Moscú se le dio al general (más tarde Mariscal) Georgy Zhukov, con el general Iván Konev, otro futuro Héroe de la Unión Soviética, como su segundo al mando. Zhukov había sido responsable de la victoria soviética sobre los japoneses en Jaljin Gol y había organizado la defensa de Leningrado en otoño, evitando que los alemanes tomaran esa importante ciudad.

Stalin y los líderes soviéticos habían debatido sobre si abandonar Moscú en octubre. Al final, se decidió que, si se iban, la moral soviética podría recibir un golpe fatal. Así que decidieron quedarse, coordinando a cientos de miles de ciudadanos en la preparación de las defensas alrededor de la ciudad.

El 7 de noviembre, Stalin ordenó un desfile militar en la Plaza Roja. Hasta el día de hoy, el desfile del 7 de noviembre es recordado por mostrar al mundo que los soviéticos querían luchar. Las tropas que participaron en el desfile marcharon directamente al frente.

A pesar de las dificultades, los alemanes intentaron un último empujón en Moscú antes de que el clima lo hiciera imposible. El 15 de noviembre, comenzaron una ofensiva al sur de la ciudad, con el objetivo de conducir detrás de la capital y aislarla del resto del país. Avanzaron a pesar del tiempo y de los repetidos contraataques soviéticos, que fueron instados por Stalin, pero desaprobados por Zhukov, ya que fueron derrochadores en extremo. En un momento dado, algunas tropas alemanas informaron haber visto las agujas de la catedral de San Basilio en el Kremlin a lo lejos. Fue lo más lejos que llegaron.

Ilustración 13: Un mapa raramente transmite la intensidad de una batalla, pero este se acerca. Arriba hay un mapa soviético que muestra los repetidos ataques alemanes a Moscú y los anillos de las defensas soviéticas junto con los contraataques del Ejército Rojo hasta el 5 de diciembre de 1941

En la primavera de 1941, el espía soviético Richard Sorge, que trabajaba en Tokio de forma encubierta como periodista, había advertido a Stalin de la próxima invasión alemana. Stalin no le creyó. A finales de 1941, la información de Sorge y otros en Japón informó que los planes de guerra japoneses no incluían un ataque a la URSS. Esta vez, Stalin confió en la información, y ordenó a la mayoría de sus tropas del Lejano Oriente hacia el oeste. Dieciocho divisiones soviéticas, muchas de ellas bien entrenadas, experimentadas y bien equipadas para el invierno, se movieron rápidamente hacia el oeste.

Entre estas 18 divisiones había varias divisiones blindadas, que sumaban un total de 1.700 tanques. Mil quinientos aviones también hicieron el viaje de un lado a otro de la nación.

Los generales y los departamentos de inteligencia de Hitler informaron de que sus tropas cerca de Moscú estaban agotadas, habiendo sido detenidas por la logística, el clima y los soviéticos. Esto era cierto, pero también le dijeron al Führer que los soviéticos estaban en el mismo estado. En consecuencia, Hitler estaba más preocupado con sus planes para la primavera y otros frentes cuando el Ejército Rojo le dio una sorpresa realmente desagradable en la primera semana de diciembre.

El 4 de diciembre, el Cuarto Ejército de Choque soviético (los ejércitos de "choque" soviéticos fueron a menudo puestos en la vanguardia de las ofensivas soviéticas y se les dio significativamente más tanques y artillería que a otros ejércitos soviéticos) y el Vigésimo Ejército atacaron a los alemanes al norte de la capital. El 6 de diciembre, el Décimo Ejército Soviético atacó el sur de la ciudad. Detrás de ellos había cientos de miles de soldados del Ejército Rojo.

En total, el contraataque soviético incluyó más de un millón de hombres, y aunque esto sorprendió completamente a los alemanes, los alemanes tenían un número similar de tropas en el área. Sin embargo, las fuerzas ofensivas eligen el punto de ataque y las fuerzas que son enviadas allí, y en este caso, los soviéticos abrumaron muchas de las defensas alemanas con grandes cantidades. Además, estaban bien descansados y mejor equipados para el invierno, y por primera vez, tenían cantidades verdaderamente considerables del nuevo tanque T-34 a su disposición.

El T-34 es a menudo llamado "el mejor tanque de la Segunda Guerra Mundial". Mientras que algunos tanques alemanes más tarde en la guerra, como el Pantera y el Tigre, eran cualitativamente mejores en muchos aspectos, también tenían serios defectos que el T-34 no tenía. Por ejemplo, los Panteras y Tigres tenían una ingeniería excesiva y tardaron demasiado tiempo en producirse, y las piezas de repuesto eran intrincadas y difíciles de fabricar. Ambos tanques alemanes, especialmente al principio, estaban sujetos a averías mecánicas. Por el contrario, el T-34 era fácil y rápido de construir, fiable, fácil de manejar y lo suficientemente potente como para desafiar a la mayoría de los tanques alemanes, especialmente con los números de su lado.

Los alemanes fueron conducidos de vuelta entre 145 y 400 kilómetros en diferentes lugares antes de que llegaran refuerzos de otros frentes, lo que permitió que sus defensas se endurecieran. La ofensiva soviética en Moscú, aunque no era un punto de inflexión estratégico como lo sería Stalingrado al año siguiente, demostró a los alemanes, a los aliados occidentales y al pueblo soviético que el Ejército Rojo tenía la capacidad de derrotar a los nazis en el campo de batalla, algo que no habían podido hacer eficazmente hasta entonces.

Para empeorar aún más las cosas para los alemanes, Hitler decidió honrar su alianza con Japón y le declaró la guerra a los Estados Unidos de América el 11 de diciembre, solo unos días después del ataque japonés a Pearl Harbor.

Leningrado

Leningrado (hoy San Petersburgo) era la "segunda ciudad" de la URSS y había sido la capital del Imperio ruso desde 1732 hasta 1918, después de lo cual Moscú fue nombrada nuevamente como la capital. Leningrado fue el hogar de la Revolución Bolchevique y era conocida como el centro de la cultura y las bellas artes en Rusia. Es una de las ciudades más bellas del mundo, y a menudo se la llama la "Venecia del Norte" por sus muchos canales. Hitler tenía un odio especial por Leningrado por todas estas razones, y decidió que no solo la ciudad sería uno de los principales objetivos de su invasión, sino que también sería borrada de la faz de la tierra y del suelo entregado a sus aliados, los finlandeses.

El Grupo del Ejército Alemán del Norte fue responsable del ataque a Leningrado, y había estado abriéndose camino constantemente hacia la ciudad desde que comenzó la invasión de la URSS, atravesando el norte de Polonia y las naciones bálticas para hacerlo. Para consternación de Hitler, los finlandeses se negaron a unirse al ataque a la ciudad, lo que podría haberle costado a Hitler su victoria allí. Los finlandeses le habían dicho a Hitler que solo harían la guerra a los soviéticos para recuperar la tierra que les había sido arrebatada por Stalin en la guerra de invierno de 1939/40. Como

Finlandia nunca había incluido a Leningrado, se negaron a ayudar, manteniéndose fieles a su palabra.

Para el 15 de septiembre, los alemanes habían cortado la ciudad del resto del país. Los proyectiles alemanes ya habían empezado a caer sobre la ciudad el 4 de septiembre. Leningrado era una ciudad de casi tres millones de habitantes cuando empezó la guerra, y los anteriores ataques alemanes habían expulsado a los refugiados de los alrededores a la ciudad, empeorando la situación. Cuatrocientos mil civiles fueron evacuados de la zona antes de la llegada de los alemanes, pero eso dejó a millones de personas atrapadas.

Los alemanes comenzaron a bombardear la ciudad poco después de que comenzara la Operación Barbarroja, pero a mediados de septiembre comenzaron a enviar cientos de bombarderos a la vez. El día 23, cientos de bombarderos alemanes destruyeron la mayoría de los almacenes de alimentos de la ciudad, además de dañar gravemente los hospitales y otras instituciones vitales. Esto solo se sumaría a la tragedia que se vendría.

Aunque los soviéticos comenzaron a construir defensas antitanques y antiaéreas alrededor de la ciudad a finales del verano, no habían almacenado suficiente comida. Lo que empeoró las cosas fue la reticencia de los oficiales soviéticos a informar de las malas noticias a Stalin. Como resultado, el Alto Mando Soviético no era consciente de la escasez de alimentos, un problema que solo se agravó por la destrucción de los almacenes de alimentos. Cuando los alemanes rodearon la ciudad, Leningrado solo tenía suficientes alimentos para unas pocas semanas. Los suministros de combustible también eran limitados, y las principales plantas eléctricas no solo fueron dañadas por los bombardeos alemanes, sino que también necesitaban petróleo para sus generadores.

Leningrado necesitaba unas 600 toneladas de comida al día, y apenas entraba comida en la ciudad después de que los alemanes la rodearan. La única ruta abierta a los soviéticos era a través del lago Ládoga en el lado norte del istmo de Karelia. Cuando comenzó el asedio de la ciudad, solo había un pequeño número de barcos disponibles. Estos tuvieron que afrontar los intensos ataques aéreos alemanes. La única esperanza para la ciudad era que el lago se congelara, lo que permitiría al Ejército Rojo llevar suministros a través del hielo. Esto finalmente sucedió, pero no antes de que cientos de miles de personas murieran de hambre. En realidad, el número de muertos en Leningrado fue de más de un millón. El asedio es a menudo llamado "los 900 días", aunque se detuvo poco después de eso.

El primer invierno del asedio fue el peor, pero la gente siguió muriendo hasta que el anillo alemán se rompió a finales de enero de 1944. La ración de comida bajó a 125 gramos de pan al día para un adulto. Los trabajadores y los soldados recibían un poco más, pero aun así no era suficiente. En pocas semanas, todos los perros y gatos de Leningrado fueron asesinados y comidos. La corteza de los árboles y el cuero fueron hervidos para hacer "sopa". El aserrín y otros ingredientes prácticamente incomestibles fueron añadidos al "pan" para estirar el suministro. Cualquier cosa de madera se quemaba para calentarla; a veces, la temperatura bajaba hasta los -40°C durante largos períodos.

Lo peor de todo, a medida que pasaba el invierno de 1941, se informaba de canibalismo. Esto fue negado durante años por las autoridades soviéticas, pero fue probado de manera concluyente por el escritor americano y experto ruso Harrison Salisbury a principios de la década de 1970. Cuando la URSS cayó en 1991, los registros que finalmente se abrieron al público confirmaron muchos casos de canibalismo en Leningrado. En la mayoría de los casos se trataba de personas que devoraban a las que ya estaban muertas, pero también hubo un número mayor de lo previsto de casos de personas que fueron asesinadas por la noche y posteriormente vendidas en el mercado negro como "carne de cerdo" o "pasteles de carne". Las personas que eran sorprendidas comiendo un cadáver recibían largas condenas de prisión. Aquellos condenados por matar gente para comer fueron fusilados en el acto, cerca de cien personas fueron asesinadas por este crimen durante el asedio.

Cuando el lago Ládoga se congeló, los soviéticos comenzaron lentamente a traer camiones cargados de suministros sobre el hielo. En ese primer invierno, no se trajeron suficientes suministros, pero a finales de la primavera, cuando el hielo empezó a derretirse, la cantidad de comida, combustible y otras necesidades aumentó. Varios camiones cayeron a través del hielo, a veces llevándose a sus tripulantes con ellos. A pesar de esto, para el invierno de 1944, el "Camino de Hielo" o "Camino de la Esperanza" estaba trayendo lo suficiente para sostener la población de la ciudad. La operación en sí misma fue una increíble hazaña de ingeniería y determinación. Incluso se construyó un ferrocarril a través del hielo. También se construyeron estaciones de calentamiento, hospitales, cuarteles, defensas antiaéreas y más en el lago Ládoga, cuyo hielo podía tener un grosor de aproximadamente dos metros en invierno.

Los aspectos militares del asedio fueron bastante mundanos en el gran alcance del Frente Oriental. Durante dos años y medio, los alemanes bombardearon la ciudad, tratando de destruir la moral y la infraestructura de la ciudad. Antes de la guerra, Leningrado producía alrededor del 10% de los productos manufacturados de la URSS. Durante la guerra, las fábricas continuaron produciendo con suministros traídos del exterior, a veces haciéndolo en edificios sin calefacción o incluso azoteas. Los tanques que se habían construido en la ciudad se desplegaron en el campo de batalla sin pintura; así de mal se necesitaban.

A principios de 1944, los alemanes estaban siendo empujados hacia atrás a lo largo de todo el frente por el Ejército Rojo, pero se aferraron tenazmente a su control alrededor de Leningrado hasta que la Operación Soviética Iskra ("Chispa") rompió el asedio.

Stalingrado

Los alemanes eran todavía inmensamente fuertes después de su intento fallido de tomar Moscú. Tenían grandes áreas de la Unión Soviética occidental y la mayor parte de Europa, pero no eran el poder que habían sido en junio de 1941. Hitler se había jugado todo por destruir la URSS en pocas semanas o meses, y en lugar de debilitarse, parecía que los soviéticos se estaban haciendo más fuertes. Ayudando a los soviéticos en esta situación estaban Gran Bretaña y los Estados Unidos, particularmente en el área de materias primas, cañones antiaéreos, ametralladoras de mediano y gran calibre, camiones y todoterrenos.

A pesar de esta ayuda, los soviéticos seguían atrasados. Habían sufrido grandes pérdidas de hombres, material y recursos. Sus soldados aún carecían de la formación necesaria para derrotar a los alemanes en batallas abiertas. Sin embargo, los generales soviéticos estaban empezando a entender sus propios errores. Aquellos que no aprendían acababan muertos en el campo de batalla o, en el caso de muchos oficiales de alto rango, delante de un pelotón de fusilamiento. Algunos fueron enviados a zonas alejadas del frente cuando mostraban talento en otras áreas, como el entrenamiento o la logística. Stalin era un maestro de tareas duras, pero esta era una guerra por la supervivencia no solo de la URSS, sino también de la gente que la habitaba.

El año 1942 resultó ser el año crucial. Este fue el año en que la guerra dio un giro lento para los soviéticos, así como para los aliados occidentales, con un énfasis en "lentamente".

A finales del invierno de 1942, Hitler y sus generales comenzaron a planear su ofensiva de primavera. Algunos de los generales de Hitler le animaron a detener las operaciones ofensivas en la Unión Soviética y en su lugar construyeron fuertes defensas, retirándose a mejores posiciones para hacerlo si era necesario. Por supuesto, incluso aquellos con un conocimiento limitado de la guerra y el Führer saben que esto no sucedió. Hitler, junto con un grupo considerable de partidarios tanto del Partido Nazi como del ejército, creía que la victoria aún estaba a la vista, a pesar de los reveses cerca de Moscú.

Lo que estaba claro incluso para Hitler era que sus ejércitos en Rusia no eran ni de lejos tan fuertes como lo habían sido, y sin debilitar considerablemente sus fuerzas en otras partes de Europa, era probable que se mantuvieran así. El número de hombres alemanes elegibles estaba disminuyendo hasta el punto de que no podían ser reemplazados. A medida que pasaba el tiempo, los límites de edad para el ejército alemán disminuían y aumentaban, lo que aumentaba el número, pero apenas la eficacia.

Aun así, las fuerzas alemanas en la URSS seguían siendo poderosas, y Hitler determinó que 1942 sería el año de la victoria final. La mayoría de sus generales y enemigos esperaban que Hitler ordenara un gran empujón a Moscú cuando el clima mejorara, pero Moscú ya no era tan importante para los alemanes como lo había sido.

Dos cosas eran más importantes para Hitler en su planificación para 1942: 1) la toma de los campos de petróleo soviéticos en el Cáucaso, junto con otras áreas ricas en recursos en el sur de Rusia y Ucrania, y 2) el corte de esos suministros y recursos a los soviéticos. Para ello, Hitler y sus comandantes desarrollaron *Fall Blau* ("Operación Azul").

El Operación Azul tenía dos componentes. El primero era que los alemanes se dirigieran hacia el sur del Cáucaso, presionando para capturar sus ricos campos de petróleo, lo que culminó en los campos de Bakú en el extremo sudeste de la península. El segundo fue moverse directamente hacia el este a la ciudad de Stalingrado en el río Volga, el río más largo de Europa. Stalingrado era un importante centro industrial, que producía más del 10 por ciento de la maquinaria pesada y productos de acero de la URSS. En tiempos de guerra, eso significaba tanques, junto con otras armas. Tomar Stalingrado también cortaría los suministros que se movían hacia el norte por el río Volga. El éxito de cualquiera de las dos opciones supondría un duro golpe para los soviéticos, y tomar ambas podría terminar la guerra.

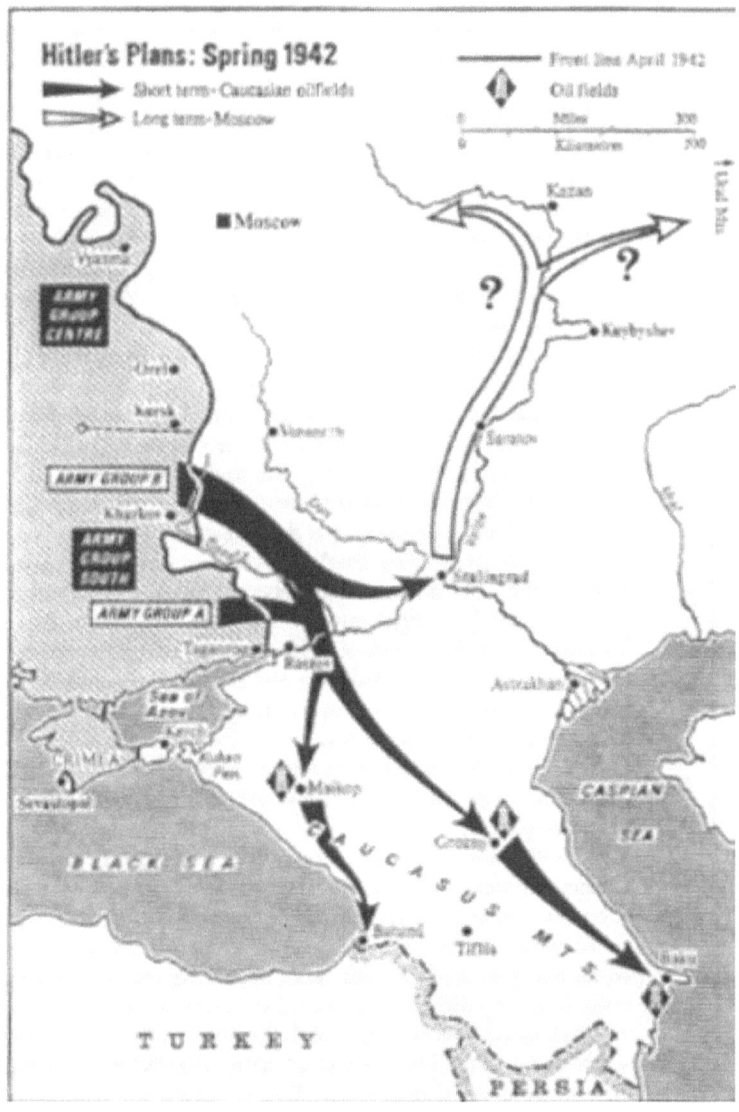

Ilustración 11: Los planes alemanes provisionales para la primavera de 1942, incluyendo un posible viaje detrás de Moscú si la primera etapa tiene éxito

Para lograrlo, el Grupo Sur del Ejército Alemán se dividió en dos comandos: Grupo de Ejército A y Grupo de Ejército B.

El Grupo de Ejército A tenía la tarea de tomar el Cáucaso, y era el "más débil" de los dos grupos. Estaba comandado por el Mariscal de Campo Wilhelm List e incluía el Primer Ejército Panzer alemán, el Onceavo Ejército, el Decimoséptimo Ejército, y el Tercer Ejército rumano.

El Grupo de Ejército B estaba comandado por el general Friedrich Paulus e incluía el Cuarto Ejército Panzer alemán, el Segundo Ejército y el Sexto Ejército (el más grande de Hitler). Al Grupo de Ejército B se unieron el Octavo Ejército italiano, el Cuarto Ejército rumano y el Segundo Ejército húngaro. El Grupo de Ejército B era más fuerte que su contraparte, pero tenía una debilidad fatal. Los ejércitos italiano, húngaro y rumano estaban mal equipados y poco motivados. Cuando llegó el momento, esto demostró ser crucial.

Las fuerzas alemanas sumaban aproximadamente 1,5 millones de hombres, cerca de 2.000 vehículos blindados y unos 2.000 aviones de diversos tipos. Las fuerzas soviéticas en la zona llegaron a ser aproximadamente 1,7 millones de hombres, entre 3.000 y 3.800 tanques, entre 1.500 y 2.000 aviones, incluidos los de combate y los que no lo son, y más de 16.000 cañones. Otro millón estimado estaba siendo entrenado y en reserva.

Como lo habían hecho en junio de 1941, Stalin y el Stavka fueron engañados en la primavera de 1942. Creyeron que el principal impulso alemán sería hacia Moscú, así que planearon en consecuencia. Muchas de las fuerzas mencionadas se desplegaron inicialmente cerca de la capital y tuvieron que ser llevadas al sur. Los alemanes llevaron a cabo una operación de engaño masiva para hacer creer a los soviéticos que Moscú era el objetivo, que incluía mensajes de radio falsos, movimientos de tropas falsos y "planes secretos" que cayeron en manos del Ejército Rojo.

El Operación Azul comenzó a finales de junio después de haber sido desviada de su calendario por una ofensiva soviética mal planificada que fue diseñada para alejar a los alemanes de Moscú. El Sexto Ejército Alemán derrotó este ataque con relativa facilidad y comenzó su propio impulso hacia el este después de reabastecerse.

Los alemanes comenzaron en etapas entre el 24 y el 28 de junio. Como había sucedido el verano anterior, hicieron retroceder a los soviéticos, atrapándolos relativamente desprevenidos. Aunque un gran número de soldados soviéticos fueron hechos prisioneros, el Ejército Rojo generalmente se retiró en buen estado, con menos hombres rindiéndose o quedando aislados que en 1941. Ambas ramas del ataque alemán se movieron con gran velocidad en las etapas iniciales del ataque.

El terreno del Cáucaso es muy diferente al de la zona cercana a Stalingrado. Es más escarpado, estaba menos desarrollado en ese momento, y las muy difíciles y altas montañas del Cáucaso dividen la región por la mitad. Esto significaba que los soviéticos podían desplegar menos hombres en la zona, ya que podían contar con el terreno y las fuertes defensas cerca de los campos de petróleo para detener a los alemanes.

Hacia finales de agosto, quedó claro para ambos bandos que la batalla de Stalingrado iba a ser el centro de los esfuerzos bélicos alemanes y soviéticos en el futuro inmediato. Se libraron grandes batallas en los kilómetros que conducían a la ciudad, especialmente cuando los alemanes intentaron cruzar el ancho río Don. El Don era el último obstáculo natural serio en el camino a Stalingrado.

En julio, después de que los alemanes cortaran el ferrocarril principal que une Stalingrado y el Cáucaso, Stalin tomó el asunto en sus propias manos. Escribió personalmente la famosa Orden No. 227, más conocida como la orden "Ni un paso atrás". En su lenguaje áspero, Stalin decretó que los que se retiraran sin órdenes serían fusilados o enviados a batallones penales y se les darían las tareas más duras, como desactivar minas bajo fuego alemán. Los oficiales que dieran órdenes de retirada sin autorización serían fusilados. Detrás de las unidades soviéticas de primera línea, se estacionarían "unidades de bloqueo" del NKVD, con órdenes de matar a cualquier hombre que atraparan huyendo del campo de batalla. La orden nunca se difundió por escrito. En su lugar, fue transmitida por radio y altavoces repetidamente para que el Ejército Rojo la escuchara. Algunos dicen que la Orden Nº 227 ayudó a la defensa soviética a fortalecerse. Otros, incluyendo a los veteranos, dicen que, a finales de 1942, la mayoría de los soldados soviéticos se dieron cuenta de lo peligrosa que era la situación y lo brutales que eran los alemanes, es decir, que no necesitaban que Stalin se los dijera. Sin embargo, ambos puntos de vista muestran lo desesperada que se había vuelto la situación.

A finales de septiembre, el impulso alemán en el Cáucaso había comenzado a disminuir. Fue obstaculizado por el Ejército Rojo, el terreno y la inmensa distancia que tuvieron que recorrer los suministros para llegar a ellos. Los campos de petróleo que los alemanes capturaron fueron completamente destruidos por los soviéticos en retirada, y probablemente permanecerían inútiles durante un año o más incluso si los alemanes hubieran tenido éxito en hacer retroceder a los soviéticos de Stalingrado.

En consecuencia, las tropas alemanas fueron desplazadas hacia el norte para ayudar en la captura de Stalingrado. Por razones de orgullo personal y honor nacional, ambos bandos estaban decididos a tomar o defender la ciudad que llevaba el nombre del dictador soviético.

El 23 de agosto de 1942, la *Luftwaffe* (la fuerza aérea nazi) lanzó un ataque masivo a Stalingrado. Miles de civiles fueron asesinados, y gran parte del centro de la ciudad y las zonas residenciales fueron arrasadas. Las principales zonas industriales del norte y el sur de la ciudad resultaron dañadas, pero siguieron produciendo artículos mientras la batalla se libraba a su alrededor en septiembre.

Las tropas alemanas, a kilómetros de distancia, vieron cómo el humo se elevaba a unos cinco kilómetros sobre las llanuras y la ciudad. Los informes de los pilotos hacían parecer que Stalingrado había sido destruida, y muchos alemanes creían que la ciudad caería ante ellos con bastante facilidad. No podían estar más equivocados. Por un lado, el bombardeo de la ciudad había beneficiado a los defensores. Las cantidades masivas de escombros crearon puntos de estrangulamiento y defensas "naturales". No les tomaría mucho tiempo a los rusos crear túneles y trincheras debajo y a través de la ciudad, permitiéndoles saltar sobre los alemanes por detrás sin ser observados.

Mientras los alemanes se trasladaban a la ciudad, un nuevo comandante soviético se hizo cargo del Sexagésimo Segundo Ejército Soviético: El general (más tarde Mariscal) Vasily Chuikov. Chuikov se había unido al Ejército Rojo cuando era un adolescente durante la guerra civil rusa y había sido herido varias veces. También fue uno de los pocos comandantes soviéticos exitosos en Finlandia y había comandado tropas en la invasión soviética de Polonia.

A principios de noviembre, los alemanes estaban en posesión de alrededor del 90 por ciento de la ciudad, pero la lucha fue más que dura, fue brutal. Una razón es que ambos lados comenzaron a tener la sensación de que esta batalla podría decidir el resultado de la guerra en Rusia y lucharon en consecuencia. Otra es que Chuikov y sus oficiales subalternos ordenaron a sus hombres "abrazar al enemigo". Esto se hizo en respuesta a la inicial superioridad alemana en tanques, armas y aviones. Al acercarse al enemigo, los soviéticos esperaban mitigar estas fortalezas alemanas, con la esperanza de que los nazis no pudieran bombardearlos sin golpear a sus propios hombres. En muchos casos, esto funcionó de maravilla.

Sin embargo, a finales de noviembre, los soviéticos se vieron reducidos a mantener una pequeña zona en la orilla occidental del río Volga, lo que permitió que entraran hombres y suministros a la ciudad. Esta fue una estrategia soviética muy arriesgada. A principios de noviembre, se dieron cuenta de dos cosas principales: 1) los alemanes estaban cansados, enfermos y desnutridos, y 2) los nazis seguían enviando refuerzos a la ciudad, pero descuidaban sus flancos. El grueso de las tropas del Eje al norte y al sur de la ciudad eran húngaras, italianas y rumanas, todas ellas sustancialmente más débiles que sus camaradas alemanes. Así que, mientras los alemanes seguían enviando más hombres a la ciudad para, con suerte, tomarla antes de que llegara el mal tiempo (para el que todavía estaban mal preparados, a pesar de su experiencia del año anterior), los soviéticos se retiraron, colocando suficientes hombres en el pie del Volga para sostenerla.

Eso no quiere decir que " dejaron" a los alemanes tener la ciudad. Luchas feroces y brutales tuvieron lugar en y debajo de la ciudad en las alcantarillas. Los francotiradores cazaban a los oficiales, a los radiotelegrafistas y entre ellos. Los alemanes y los rusos a veces tenían partes del mismo edificio, luchando de piso a piso con granadas, cuchillos, palas, palos improvisados, pistolas y sus propias manos. Cuando la lucha por Stalingrado terminó, más de un millón de hombres (tanto del Eje como soviéticos) habían sido asesinados o habían muerto de congelación, enfermedad o inanición.

A principios de octubre, los soviéticos comenzaron el plan de contraataque. Para ello, no desperdiciarían hombres tratando de desalojar a los alemanes de la ciudad. No, atacarían los flancos más débiles, conducirían profundamente detrás de las líneas alemanas desde el norte y el sur de la ciudad, y envolverían no solo a las fuerzas en Stalingrado, sino también a las que están detrás de ella. Al darse cuenta de que los alemanes habían puesto prácticamente todas sus esperanzas en una victoria, el Ejército Rojo fue capaz de eliminar un número considerable de hombres de otras áreas del frente. Lo hicieron en secreto, empleando algunas de las mismas tácticas que los alemanes tenían antes de la batalla. Cuando las tropas soviéticas se acercaron a la ciudad, se les ordenó moverse solo de noche. La seguridad era muy, muy estricta.

El 19 de noviembre, los soviéticos lanzaron la Operación Urano, que fue una ofensiva masiva al norte de la ciudad. Al día siguiente, mientras los alemanes estaban ocupados tratando de entender la situación en el norte, el Ejército Rojo lanzó su ataque en el sur.

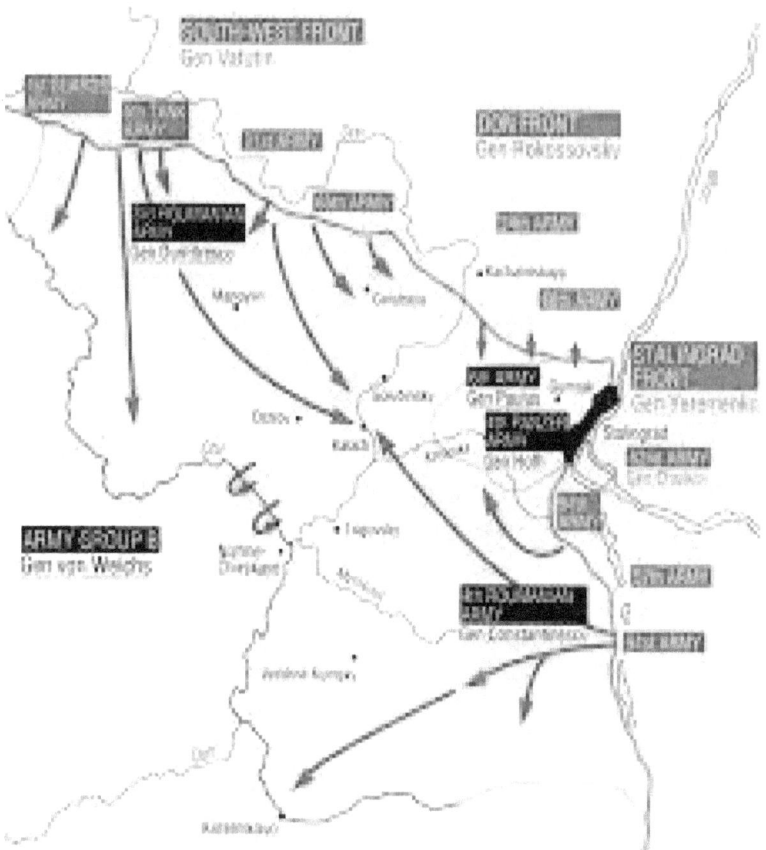

Ilustración 12: Operación Urano. Los soviéticos intentaron ir más al oeste, al río Don, pero fueron detenidos. A pesar de ello, rodearon cerca de 300.000 fuerzas alemanas y del Eje en Stalingrado y sus alrededores

Para el 22 de noviembre, las pinzas soviéticas se habían unido, encerrando a los alemanes y sus aliados en lo que se convertiría en un bolsillo cada vez más pequeño. En el cuartel general de Hitler, casi cunde el pánico. Durante días se debatió si el Sexto Ejército Alemán, que se encontraba en la ciudad, debía recibir órdenes de intentar romper las líneas alemanas o si los generales Erich von Manstein y Hermann Hoth debían irrumpir en la ciudad. Incluso debatieron si ambas cosas debían ocurrir, ya que permitiría a los hombres del *Kessel* (el término militar alemán que significa "erizo") retirarse al oeste. Los días pasaron. A principios de diciembre, Manstein lanzó una gran ofensiva de tanques en la parte suroeste del bolsillo, y durante el primer día y medio, hizo un progreso decente, pero el -40ºC el clima, la pobre moral alemana y los masivos contraataques soviéticos detuvieron el intento de rescate a muchos kilómetros de la línea alemana.

El fracaso del intento de rescate de Manstein significó que los hombres de Stalingrado estaban condenados. La mayoría de ellos, incluyendo al general Paulus (que fue nombrado mariscal de campo con la esperanza de que se diera cuenta de que un mariscal de campo alemán nunca se había rendido o había sido capturado vivo), se rindió a finales de enero. Otro grupo en el norte de la ciudad se rindió en la primera semana de febrero de 1943. Noventa y un mil tropas alemanas y del Eje fueron al cautiverio soviético, y solo cinco mil regresaron a casa.

Durante décadas, la batalla de Stalingrado fue considerada como *el* punto de inflexión de la guerra, no solo para los soviéticos, sino también para los aliados. Las pérdidas sufridas por los alemanes en Stalingrado eran irremplazables, y los alemanes más conscientes sabían que este era el principio del fin. Aun así, el verano siguiente, Hitler intentó una vez más ir a la ofensiva en Rusia.

Kursk

La mayor batalla de tanques de la historia comenzó el 5 de julio de 1943, cerca de la ciudad soviética central de Kursk en Ucrania. Fue la última vez que los alemanes pudieron lanzar un ataque de importancia en el frente oriental. Su nombre en clave era Operación Ciudadela.

Humillado por la derrota en Stalingrado, Hitler decidió concentrar un enorme "puño" blindado (como lo llamó) a ambos lados de una protuberancia soviética en las líneas alemanas cerca de Kursk. Esto incluiría cientos de los nuevos tanques Pantera y Tigre (el primero de los cuales era relativamente nuevo y todavía estaba lleno de fallos mecánicos, sobre todo en su complicada transmisión), junto con cientos de avanzados tanques alemanes Mk IV, destructores de tanques y cañones autopropulsados.

Muchos de estos tanques y vehículos blindados pertenecían a las unidades Waffen-SS, la porción armada de la organización genocida de Heinrich Himmler. Comenzando como un batallón central de combatientes fanáticos, pero relativamente inexpertos, para 1943, la Waffen-SS contaba con casi 900.000 hombres y era una fuerza altamente capacitada y motivada. Cuando comenzó la batalla de Kursk, y durante el resto de la guerra, las unidades de las Waffen-SS se utilizaron como "bomberos", es decir, se lanzaron al frente, donde la situación era más grave. La mayoría de las veces, salían victoriosos. Cuando no lo eran, infligían fuertes bajas al enemigo.

A esta altura de la guerra, la inteligencia soviética había mejorado mucho en la conjetura de los movimientos alemanes. También habían cultivado importantes espías y redes de espionaje dentro de Alemania y el ejército alemán. Los soviéticos fueron ayudados por los esfuerzos de los aliados occidentales para romper el código, que pudieron informar a Stalin sobre muchos planes alemanes (aunque los aliados nunca les dijeron cómo los descubrieron). Las fuerzas de reconocimiento soviéticas también habían mejorado mucho, y las fuerzas partisanas habían crecido hasta casi un millón. Mucha información llegó al Ejército Rojo desde detrás de las líneas alemanas.

Sin que Hitler lo supiera, los soviéticos conocieron sus planes para Kursk casi tan pronto como los ordenó. En junio de 1943, comenzaron a crear una serie de cinturones defensivos en el área, cada uno más formidable que el anterior. Se sembraron millones de minas, se construyeron miles de búnkeres y se cavaron miles de kilómetros de trincheras en el bolsillo del Kursk, que abarcaba unos ciento sesenta kilómetros de norte a sur y unos ciento veinte kilómetros de este a oeste.

Hitler movió alrededor del 70 por ciento de sus tanques y el 60 por ciento de sus aviones en el Frente Oriental a la zona de Kursk. Las fuerzas alemanas eran entre 800.000 y 900.000 hombres. Tenían casi 3.000 tanques y cañones de asalto, 1.800 aviones y alrededor de 10.000 cañones y morteros.

Además del increíble número de minas, trincheras y otras defensas que los soviéticos prepararon, tenían entre 1,5 y 1,9 millones de hombres, 5.000 tanques, 25.000 cañones y morteros, y entre 2.700 y 3.500 aviones. Cuando contraatacaron, estas cifras aumentaron significativamente.

Los soviéticos no sabían exactamente dónde atacarían los alemanes en el abultamiento de Kursk, pero tenían una idea bastante buena. En el norte, los alemanes planeaban atacar al sur de la ciudad de Orel. En el sur, atacarían al norte de Belgorod, esperando que las dos pinzas se unieran detrás de los soviéticos en el extremo occidental de la protuberancia y los cortaran, como en los viejos tiempos de 1941.

Esto no iba a ser así. Los soviéticos sabían casi exactamente cuándo iba a comenzar el ataque alemán. Para despistar a los nazis, el Ejército Rojo comenzó su propio bombardeo masivo de artillería justo antes de que los alemanes comenzaran el suyo. Fue un mal presagio para las tropas alemanas, y tomó horas para que los hombres se organizaran lo suficiente para avanzar. Al mando del esfuerzo soviético en Kursk estaba nada menos que el Mariscal Georgy Zhukov, el arquitecto de la defensa de Leningrado, Moscú y la Operación Urano.

Sin embargo, cuando los alemanes atacaron, inicialmente hicieron un buen progreso, especialmente en el sur. Pero a diferencia de las batallas pasadas, donde los ataques iniciales de los alemanes podían progresar durante semanas o incluso un mes, esta no duró una semana. Aunque los tanques Tigre y Pantera alemanes eran superiores al T-34 soviético, ese tanque había sido armado, y los soviéticos tenían un número mucho mayor. En muchas ocasiones, los tanques soviéticos no disparaban contra los Tigres Alemanes, porque incluso sus tanques mejor armados no hacían mella en los monstruos alemanes a distancia. En su lugar, uno o más T-34 embestirían a los Tigres, con la esperanza de dañarlos e inmovilizarlos. Y en muchas ocasiones, funcionó.

Aun así, durante gran parte de la batalla, los experimentados tanqueros alemanes hicieron una mella mucho mayor en los soviéticos, pero los rojos podían permitirse las pérdidas. Los alemanes no podían. Además de luchar contra los tanques soviéticos, los alemanes tenían que desactivar o negociar campos de minas y grupos masivos de cañones antitanque soviéticos. Estos cañones, especialmente cuando se enfrentaban a los Tigres, disparaban a un tanque, lo destruían y luego pasaban al siguiente.

Para el 10 de julio, la ofensiva alemana en el norte se había estancado. Hitler ordenó que el ataque en el sur fuera reforzado y redoblado. El 12 de julio, una batalla tuvo lugar cerca del pueblo de Prokhorovka. Aquí fue donde tuvo lugar la mayor batalla de tanques de la historia.

Ilustración 13: Representación artística de la batalla cerca de Prokhorovka, 12 de julio de 1943

En Prokhorovka, la tierra literalmente tembló por kilómetros cuando los tanques alemanes y soviéticos tomaron el campo. En el área había unos 1.400 tanques alemanes y soviéticos. En el campo de Prokhorovka, 600 vehículos blindados soviéticos y casi 300 alemanes se enfrentaron entre sí. Estaban acompañados por infantería y aviones de apoyo. Los hombres fueron destrozados, atropellados, quemados vivos, acribillados a balazos y murieron por inhalación de humo.

Cuando la batalla terminó, los soviéticos habían perdido más hombres y tanques, pero como porcentaje de sus fuerzas, los alemanes habían sufrido más, ya que no podían reemplazar sus pérdidas. Hitler canceló la ofensiva por esta razón. Además, en el momento más álgido de la batalla, se había enterado de que los aliados occidentales habían invadido Sicilia, lo que significaba que se necesitaban tanques y hombres allí. No habría importado si se quedaban. Los alemanes estaban acabados en el frente oriental. Para ellos, no había nada más que la larga marcha de regreso a Berlín.

Bagration

Bagration no fue una batalla: fue una operación que abarcó cientos de ellas. La Operación Bagration recibió el nombre de un oficial ruso del siglo XIX del Ejército Imperial Ruso que se convirtió en un héroe nacional durante las guerras napoleónicas. En realidad, no era ruso, sino georgiano, como Josef Vissarionovich Dzhugashvili, más conocido en la historia como Stalin. Esto no fue una coincidencia.

La Operación Bagration fue la mayor ofensiva emprendida por el Ejército Rojo durante la Segunda Guerra Mundial, tanto en alcance como en tamaño. Comenzó unas tres semanas después de que los aliados occidentales desembarcaron en Francia y fue, en parte, para alejar a las tropas alemanas de la dura lucha en Normandía.

Bagration comenzó el 23 de junio de 1944. Más de un millón y medio de tropas soviéticas desde Leningrado hasta las fronteras del sur de Bielorrusia atacaron a los alemanes a lo largo de un frente que se extendía casi 1.127 kilómetros. Los acompañaban 5.800 tanques y cañones de asalto; más de 30.000 cañones, lanzacohetes y morteros; y casi 8.000 aviones. A modo de comparación, el asalto alemán de 1941 tuvo lugar en un frente de 1900 kilómetros e incluyó la mitad del número de tanques que los soviéticos utilizaron para la Operación Bagration.

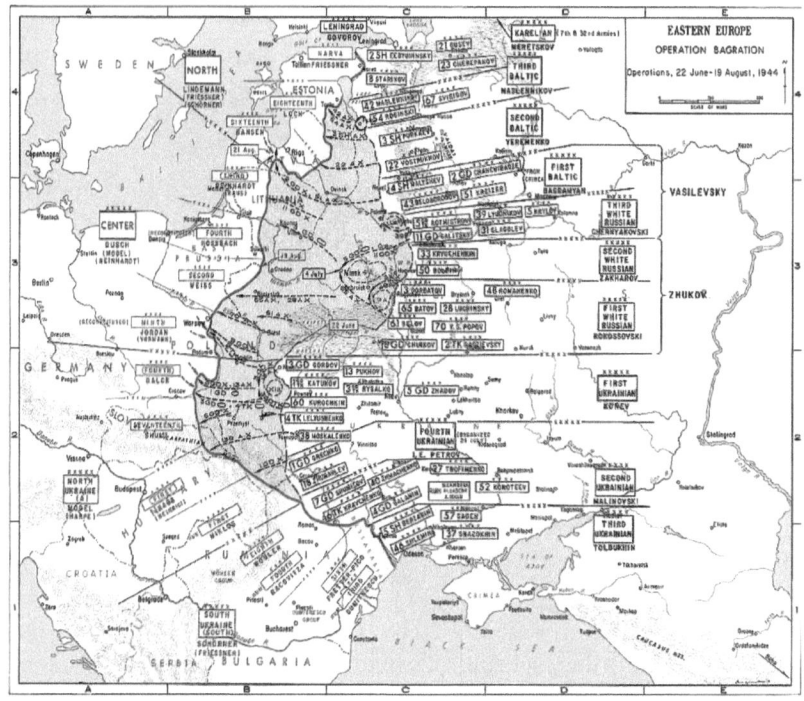

Ilustración 14: La Operación Bagration fue irreal en su alcance y tamaño. (Dominio público, https://commons.wikimedia.org/w/index.php?curid=193193)

Los alemanes se enfrentaron a la ola soviética con solo medio millón de personal de combate. Las fuerzas de apoyo eran otras 700.000, y estas fueron escogidas para reforzar las líneas del frente (es decir, tropas con poca o ninguna experiencia de combate). Solo podían reunir 200 tanques funcionales, 500 cañones de asalto y destructores de tanques, 3.300 cañones y poco menos de 1.000 aviones.

Los soviéticos atacaron en seis lugares en cuatro frentes principales del ejército. A pesar de que sufrieron muchas bajas debido a las habilidades defensivas de los alemanes, los soviéticos los hicieron retroceder casi 644 kilómetros a finales de agosto. Cuando terminó la Operación Bagration (junto con las ofensivas soviéticas simultáneas en el sur hacia Rumania), no quedaban tropas alemanas en la Unión Soviética. Los propios soviéticos habían penetrado en la propia Alemania, ya que se habían adentrado en Prusia Oriental y estaban a las puertas de Varsovia, la capital polaca.

Esta presencia soviética en las afueras de Varsovia fue un episodio perturbador y tuvo consecuencias en la relación entre la Unión Soviética y los aliados occidentales durante los años siguientes. Este no es el lugar para un análisis detallado de lo que ocurrió en Polonia en el verano de 1944, pero, en resumen, las fuerzas rebeldes clandestinas de Varsovia, la mayoría de ellas anticomunistas, se levantaron contra los nazis cuando los soviéticos se acercaron. Esperaban que la liberación de su capital sin ayuda soviética o antes de que los soviéticos pudieran entrar en la ciudad les daría más influencia en las conversaciones de posguerra sobre la naturaleza del futuro gobierno polaco.

Las fuerzas polacas estaban divididas. Desafiando las increíbles probabilidades, un número considerable se había abierto camino hacia Inglaterra y Francia cuando su país cayó ante Hitler. Muchos se unieron a las nuevas "Fuerzas Armadas Polacas en el Oeste" y a la Real Fuerza Aérea, y lucharon con distinción y gran valentía en prácticamente todos los teatros del Frente Occidental. El gobierno polaco de antes de la guerra se exilió en Londres y se vio a sí mismo como el único gobierno polaco legítimo.

Muchos otros polacos, algunos por elección, otros por necesidad, huyeron a la Unión Soviética cuando los alemanes invadieron en 1941. Al principio, estos polacos fueron tratados con gran sospecha y dureza por Stalin, pero cuando la guerra se volvió en su contra, muchos polacos fueron reclutados en unidades polacas del Ejército

Rojo. Muchos también se ofrecieron como voluntarios. Ellos también lucharon con valentía. Muchos de ellos no eran comunistas, pero muchos lo eran, y sus líderes ciertamente lo eran. Tenían la intención de dominar la Polonia de la posguerra después de la guerra.

Stalin ordenó a sus tropas detener su avance en el río Vístula, justo al otro lado de Varsovia. La verdad es que muchas unidades del Ejército Rojo estaban agotadas y mermadas. Sin embargo, había más que suficientes unidades para llevar la lucha a Varsovia para ayudar a los polacos. Además, nada impedía que la fuerza aérea soviética dejara caer suministros en Varsovia y bombardeara a los alemanes. Pero no pasó nada. Gran Bretaña y los Estados Unidos le rogaron a Stalin que ayudara a los polacos o que les permitiera traer suministros por avión, lo que podrían haber hecho fácilmente. Sin embargo, Stalin les negó los derechos de aterrizaje en las zonas bajo control soviético, que muchos de ellos habrían necesitado.

Así que el Ejército Rojo vio como los nazis destruían el levantamiento polaco de 1944. Varsovia fue aplastada; literalmente el 90 por ciento de los edificios de la capital fueron arrasados. Miles de polacos anticomunistas fueron asesinados, que era justo lo que Stalin quería. No fue hasta enero de 1945, cuando los soviéticos comenzaron su última ofensiva, que entraron en la ciudad. En Yalta, tanto Winston Churchill como Franklin D. Roosevelt tuvieron que enfrentarse a los hechos y darse cuenta de que nada iba a sacar a Stalin de Polonia.

Berlín

La batalla de Berlín, como las otras batallas descritas aquí, merece su propio libro. Ya se han escrito miles sobre el tema, pero les daremos un breve resumen de la batalla que terminó la Segunda Guerra Mundial en Europa para nuestros propósitos aquí.

La batalla por la capital nazi comenzó el 16 de abril de 1945, cuatro días antes del 56 cumpleaños de Hitler. Para entonces, Hitler era un drogadicto y loco parecido al hombre que era cuando la guerra comenzó. Vivía en un búnker muy por debajo del centro de la ciudad con una camarilla de líderes del Partido Nazi, en particular el Ministro de Propaganda Joseph Goebbels y su familia y el secretario del Partido Martin Bormann. Junto a él estaba la novia de Hitler, Eva Braun, con quien se casó el 29 de abril.

Los soviéticos probablemente podrían haber comenzado la batalla por la capital en febrero, pero la Conferencia de Yalta se celebró del 4 al 11 de febrero. Esta conferencia fue una reunión entre Stalin, Roosevelt y Churchill en la ciudad de Crimea del mismo nombre, que había sido convocada para discutir la Europa de la posguerra y el mundo. Muchas preguntas problemáticas debían ser respondidas antes de que las etapas finales de la guerra comenzaran en la primavera, y una de ellas era quién iba a tomar Berlín.

Aunque hubo un debate sobre si los aliados occidentales podrían haber llegado a la capital alemana, en Yalta quedó claro que el honor recaería en los soviéticos. De las tres grandes potencias, eran el único país que había sido invadido por Hitler. Un asombroso 90 por ciento de todas las bajas militares alemanas tuvieron lugar en la lucha contra el Ejército Rojo. Por otro lado, más de veinte millones de soviéticos habían muerto o fueron asesinados debido a la invasión nazi.

Mucha gente no lo sabe, pero las unidades del Ejército Rojo lucharon entre sí por el derecho a ser las primeras tropas en el Reichstag (el parlamento alemán). Imagine lo que podría haber pasado si las tropas británicas o americanas hubieran estado allí.

El 25 de abril, la ciudad fue rodeada. Berlín había sido básicamente arrasada por las campañas de bombardeo americanas y británicas, pero los soviéticos iban a asegurarse de que los alemanes no solo fueran derrotados, sino que también probaran su propia medicina. Se estima que alrededor de la ciudad de Berlín, que no era una ciudad pequeña en absoluto, los soviéticos tenían cerca de 30.000

piezas de artillería y morteros, una cada diez yardas alrededor de la ciudad, que se encontraban en filas de profundidad. Cuando comenzó el bombardeo final, la artillería soviética habría sido vista desde el espacio.

Dentro de Berlín, las SS, las fanáticas tropas de choque del movimiento nazi, comenzaron una campaña de terror contra cualquiera que creyeran que había eludido su deber o había desertado. Cientos, si no miles, de alemanes fueron fusilados. Muchos fueron colgados de árboles, postes de luz, o de horcas improvisadas, con sus cuerpos dejados a pudrirse con señales alrededor de sus cuellos que decían cosas como, "¡Soy un sucio traidor y he traicionado al Führer y a la Patria!". Algunas de estas víctimas eran adolescentes y mujeres.

La rama juvenil del Partido Nazi, la Juventud Hitleriana, estaba armada. Niños de tan solo diez años fueron enviados al frente. Ancianos y veteranos heridos se dirigieron allí, así como parte del *Volkssturm* ("Tormenta del Pueblo"). Armados con el efectivo antitanque Panzerfaust, estas tropas mal entrenadas se las arreglaron para infligir muchas bajas a las unidades soviéticas. A su vez, muchas de estas fuerzas alemanas fueron eliminadas por completo.

Cuando los soviéticos entraron en la ciudad, comenzaron intensas luchas callejeras. Durante unos días, se produjeron salvajes batallas por toda la ciudad, en las calles, en los edificios y en las alcantarillas. A veces, los alemanes que se rendían eran tomados como prisioneros. A veces, luchaban hasta la última bala y se mataban con ella, al igual que los civiles de toda Alemania, porque creían que los aliados matarían a los hombres y violarían a las mujeres. Otras veces, los alemanes que se rendían eran asesinados en el acto. Realmente era un juego de probabilidades.

Antes de que la batalla comenzara, los soviéticos se desbocaron en las áreas liberadas de Alemania Oriental. Las aldeas fueron quemadas hasta los cimientos. Decenas, tal vez cientos de miles de mujeres y niñas alemanas fueron violadas, y muchas fueron asesinadas después, ya sea por los alemanes o por su propia mano. Las atrocidades se extendieron y solo aumentaron cada vez que los soviéticos descubrieron un campo de exterminio alemán en su marcha hacia el oeste. Cuando llegaron a Berlín, lo que la propaganda soviética a menudo llamaba "La guarida de la bestia", muchas tropas del Ejército Rojo se volvieron locas. Durante la batalla y durante los días siguientes, violar y matar fueron las órdenes del día. El alto mando soviético miró hacia el otro lado, pero ordenó que parara después de que pasaran algunas semanas. Esto no se hizo por lástima, sino porque se estaba volviendo contraproducente para los planes de posguerra soviéticos de ocupar la parte oriental de Alemania, como se había acordado en Yalta.

Cuando la batalla de Berlín terminó, los alemanes tenían más de 100.000 muertos. Los soviéticos tenían un número igual. Cerca de 500.000 soldados alemanes fueron hechos prisioneros, y muchos nunca regresaron. Alrededor de 25.000 civiles alemanes murieron como resultado de los combates. Uno de ellos fue Adolfo Hitler, que le dio una cápsula de cianuro a su esposa, Eva, antes de dispararse en el templo.

La Segunda Guerra Mundial en Europa terminó oficialmente el 8 de mayo de 1945, con la rendición formal de las fuerzas armadas alemanas y del sucesor designado por Hitler, el almirante Karl Dönitz.

Ilustración 15: Soldados del Ejército Rojo arrojando al suelo los estandartes nazis capturados en la Plaza Roja, Moscú, 1945

Conclusión

La guerra en Europa terminó en mayo de 1945. Según un acuerdo alcanzado con Roosevelt en Yalta, Stalin declaró la guerra a Japón dos meses después de la derrota de Alemania. A lo largo de las fronteras soviéticas con China, Manchuria y Corea, las tropas soviéticas atacaron al Ejército Imperial Japonés, que aún contaba con un millón de efectivos.

No hubo competencia en cuanto a quién era el más fuerte. A los japoneses no les quedaba nada de combate. Los estadounidenses se acercaban a las islas natales japonesas, y millones de chinos y otros pueblos asiáticos, que habían sido oprimidos por los japoneses durante años, estaban a punto de ser degollados. Los soviéticos marcharon con facilidad. Ocuparon las islas Kuriles y la anteriormente dividida (entre la URSS y Japón) isla Sakhalin al norte de Japón. Parecía que podrían intentar invadir la isla japonesa más septentrional, Hokkaido, al menos eso era lo que temían los americanos.

Las bombas atómicas lanzadas sobre Hiroshima y Nagasaki detuvieron todo eso. Aunque algunos estudiosos y otros de la izquierda han dicho que los EE. UU. usaron las bombas para disuadir a los soviéticos de cualquier movimiento en Asia y China, no fue así.

La bomba fue lanzada para derrotar a Japón, pero disuadir a los soviéticos fue ciertamente un efecto secundario positivo, al menos desde el punto de vista político americano.

La Unión Soviética, a pesar de no tener la bomba atómica (desarrollaría la suya propia en 1949), era ahora una de las dos "superpotencias" mundiales. Su ejército era el más grande del mundo, aunque su fuerza aérea estratégica y su marina eran empequeñecidas por las fuerzas de EE. UU. Aun así, Europa Oriental estaba firmemente bajo control soviético, y a pesar de las promesas de Stalin de celebrar "elecciones libres" en las naciones ocupadas por sus ejércitos, esas elecciones libres nunca se llevaron a cabo. En los países bálticos, Polonia, Checoslovaquia, Rumania, Hungría, Bulgaria y Alemania oriental (que se convirtió en la República Democrática Alemana en 1949), los ejércitos soviéticos apoyaron a los comunistas autóctonos aprobados por Stalin. Solo una nación de Europa oriental de cualquier tamaño permaneció independiente de los soviéticos: Yugoslavia. Numerosas fuerzas partidistas habían liberado su país, y su líder, Josip Broz Tito, estaba firmemente en contra de las demandas de Stalin.

Aun así, la propia URSS fue un desastre. La guerra hizo retroceder años a la nación. La población no alcanzó los niveles de antes de la guerra hasta finales de la década de 1950. La economía no volvió hasta entonces o incluso más tarde. Incluso hoy en día, la guerra es recordada no solo como una gran victoria, sino también como una catástrofe inhumana. Hasta el día de hoy, los líderes de Rusia son extraordinariamente desconfiados de Occidente y celosos de la protección de sus fronteras.

Por supuesto, entre el final de la Segunda Guerra Mundial y 1991, los EE. UU. y la URSS "lucharon" en la Guerra Fría, un conflicto utilizando ejércitos de poder, política, economía, propaganda, espionaje, asesinatos y mucho más. Durante un tiempo en los años 90, el mundo pensó que esto era parte del pasado. Con la llegada de

Vladimir Putin, quien es un gran estudiante de historia, una nueva Guerra Fría ha comenzado.

Vea más libros escritos por Captivating History

Bibliografía

Beevor, Antony. *La Segunda Guerra Mundial*. Londres: Hachette UK, 2012.

Beevor, Antony. "El papel de los soviéticos en la Segunda Guerra Mundial". Conferencia, https://www.youtube.com/watch?v=AZErCVlIDJg&hl=id&client=mv-google&gl=ID&fulldescription=1&app=desktop&persist_app=1, Hillsdale College, Michigan, 2017.

Berezhkov, Valentin M. *Al lado de Stalin: Sus memorias de intérprete de la Revolución de Octubre a la caída del Imperio del Dictador*. Birch Lane Press, 1994.

Bellamy, Chris. *Guerra absoluta: la Rusia soviética en la Segunda Guerra Mundial*. 2008

Clark, Lloyd. Kursk: *La mayor batalla*. Londres: Hachette UK, 2013.

Conquest, Robert. *El Gran Terror: Una reevaluación*. Oxford: Oxford University Press a pedido, 2008.

Higos, Orlando. *Los Susurradores: La vida privada en la Rusia de Stalin*. Londres: Penguin UK, 2008.

Fitzpatrick, Sheila. *El estalinismo cotidiano: La vida ordinaria en tiempos extraordinarios: La Rusia soviética en los años 30.* Nueva York: Oxford University Press, EE. UU., 2000.

Herman, Víctor. *Saliendo del hielo: Una vida inesperada.* 1979.

McSherry, James. *Stalin, Hitler y Europa: Los orígenes de la Segunda Guerra Mundial, 1933-1939.* 1968.

Merridale, Catherine. *La guerra de Iván: Vida y muerte en el Ejército Rojo, 1939-1945.* 2007.

Topitsch, Ernst. *La guerra de Stalin: Una nueva teoría radical de los orígenes de la Segunda Guerra Mundial.* Nueva York: St. Martin's Press, 1987.

Volkogonov, Dmitriĭ A. *Stalin: Triunfo y Tragedia.* Nueva York: Grove Weidenfeld, 1991.

Werth, Alexander. *Rusia en Guerra, 1941-1945: Una historia.* 2017.

www.ingramcontent.com/pod-product-compliance
Lightning Source LLC
LaVergne TN
LVHW041649060526
838200LV00040B/1763